한반도 발 네오르네상스

KTV 〈히스토리텔링〉 프로그램에
2주 연속 방영된 영문학자의 글로벌문화체험담

한반도 발 네오르네상스

이도수 지음

한국문화사

한반도 발 네오르네상스

발 행 일 2013년 2월 25일 초판 1쇄
2013년 4월 10일 초판 2쇄
2014년 5월 20일 초판 3쇄
2015년 8월 20일 초판 4쇄
2017년 1월 10일 초판 5쇄

지 은 이 이 도 수
펴 낸 이 김 진 수
펴 낸 곳 **한국문화사**
등 록 1991년 11월 9일 제2-1276호
주 소 서울특별시 성동구 광나루로 130 서울숲IT캐슬 1310호
전 화 (02)464-7708 / 3409-4488
전 송 (02)499-0846
이 메 일 hkm7708@hanmail.net
홈페이지 www.hankookmunhwasa.co.kr

책값은 뒤표지에 있습니다.

ISBN 978-89-6817-028-7 03300

색맹이라 누가 챙겨주지 않으면 양말도 짝 맞춰 신지 못하고,
기계치라 자동차운전도 못하는 나를 전 세계 수십 개국으로
태워다니며 글로벌문화연구를 할 수 있게 도와준 아내 청강
최혜옥 루시아에게 감사하는 마음으로 이 책을 썼습니다.

저자 물길 윤일요한 이 도수

▌머리말▐

필자는 지금까지 총 9권의 책을 펴냈는데 그중에 5권이 문화에 관한 내용이었습니다. 필자가 문화에 특별히 관심을 기울이게 된 사연이 있습니다. 1989년도에 우리나라 제6차 교육과정 고등학교검인정영어교과서 심사를 맡게 되었을 때, 일본의 중등학교영어교과서를 참고로 살펴볼 기회를 가졌습니다. 일본의 영어교과서에는 영어권문화를 소개하는 내용과 일본문화를 서양에 소개하는 내용이 거의 비슷한 비율로 실려 있었는데 우리나라의 영어교과서에는 영어권문화를 일방적으로 소개하는 내용이 거의 전부이고, 우리 문화를 소개하는 내용은 5%가 될까 말까할 정도라는 것을 알고 충격을 받았습니다. 그래서 우리나라의 영어교과서에도

1978년도에 MBC TV에 '토요초대석'이라는 프로가 있었는데 필자가 그 프로에 출연하여 대학입시와 고등학교 영어교과서의 문제점에 대해 얘기를 나누는 장면

우리 문화를 소개하는 비율을 높여야 한다는 취지로 우리 문화를 소개하는 비율이 높은 책에 가산점수를 주자고 주장했습니다. 그런데 그게 먹혀들지 않았습니다. 외국에 소개할 수 있는 영어로 쓰인 우리 문화 콘텐츠가 거의 없는 현실을 고려하지 않고 교과서 집필자들을 아무리 닦달해 봤자 헛일이라는 것을 알게 되었기 때문입니다. 그래서 내가 그 일을 해야 되겠다는 생각을 하고 퇴임하기까지 약 15년 동안 그 일에 매달렸습니다. 처음 10년 동안 영어권나라 6개국을 드나들며 약 120권의 초·중등 역사 교과서를 훑으며 동양과 한국의 문화가치에 관해 기록된 내용을 찾아냈습니다. 또 동양과 한국에 관한 여행기나 연구물을 최대한 확보하여 문화 콘텐츠를 만들어 영문 문화에세이집 *Encountering Eastern & Western Cultures*를 비롯한 5권의 문화 관련 저서에 실었습니다.

필자는 1994년부터 영어권나라 6개국을 순방하며 그 나라의 초중등역사 교과서와 동양이나 한국에 대한 기록을 찾아 내용을 검토하는 일을 했다. 이 사진은 2000년에 뉴질랜드의 오클랜드대학 부설 Asian Studies Centre의 도서관에서 자료를 찾고 있는 장면이다.

필자가 1994년부터 1년간 영국에 체류할 때 여러모로 도움을 준 Dr. Leaper부부와 필자의 부부가 함께 찍은 사진이다. 그 분은 국제정치학 전공 교수였는데 정년퇴임 후 필자가 다닌 가톨릭 교회의 평신도회장을 맡고 있었다. 동양문화에 대해 특히 조예가 깊은 분이라 필자가 필요로 하는 동양문화 관련 자료를 찾는 데 많은 도움을 주었다.

그렇게 만든 문화 콘텐츠가 우리나라 영어교육에도 쓸모 있게 쓰였지만 필자가 퇴직 후에 제2의 교육인생을 살게 하는 데 요긴하게 쓰였습니다. 필자가 퇴임직전에 대학의 평생교육원장을 맡은 경험을 살려 대구 및 경상남북도 일원의 여러 사회교육원에서 글로벌문화를 소개하는 강의를 맡았는데 전 세계를 떠돌며 수집한 그 문화체험담이 수강자들의 흥미를 돋우기에 충분했기 때문입니다. 특히 근년에 일어난 한류의 흐름을 추적하다가 세계역사에서 한류가 서양에서 일어났던 르네상스에 비견할 만한 대변혁이라는 심증이 커가던 차에 김지하 시인이 한류를 네오르네상스라고 명명한 것을 보고 자신감이 커져 한류를 동양주도의 네오르네상스라는 관점에서 이 책의 제목을 붙였습니다. 제1부에서는 동양이 상승기류를 타고 있는 최근의 글로벌문화 추세를 한류와 관련지어

논하는 문화체험담 16편을 싣고, 제2부에서는 500여 년 전에 이태리반도에서 일어난 르네상스가 글로벌문화에 끼친 순기능과 역기능을 추적한 문화체험담 16편을 실었습니다. 제3부에서는 미래에 전개될 글로벌문화시대에 이질적인 동양문화와 서양문화가 경쟁보다 상생을 위해 융화와 통섭의 길을 모색할 수 있겠다는 관점에서 필자 나름의 방안을 제시합니다.

이 책은 종전에 제가 썼던 문화 관련저서와는 달리 대중이 글로벌문화를 쉽게 이해할 수 있도록 쉽고 재미있는 얘기로 엮었습니다. 외형적으로는 총 42개의 스토리로 구성되어 있지만, 각 스토리마다 2~3개의 액자 스토리가 들어 있어서 실제로는 총 100여 개의 재미있는 문화체험담으로 엮어져 있습니다. 그건 필자가 국제문화비교를 주로 다룬 미국소설가 헨리 제임스(Henry James)를 전공한 영문학자이기에 가능했지 싶습니다. 이 책이 많은 분에게 글로벌마인드를 넓히는 데 도움이 되기를 기대합니다. 감사합니다.

2013년 1월 29일 16시 나로호가 발사 성공한 순간에 탈고하면서

물길 이 도수

▌차 례▌

제1부 한반도 발 네오르네상스

1 미국 고등학교에서 일어난 한인학생 간 결투살인사건

2010년 미국 캘리포니아 주의 어떤 고등학교에서 두 한인 학생 간에 벌어진 결투로 한 학생이 죽음에 이른 충격적인 뉴스가 한동안 매스컴을 뜨겁게 달구었다. 그 두 학생은 이국땅에서 만난 동포라는 동류의식 때문에 빨리 친해졌는데 두 살 위의 학생이 연하학생에게 나이대접을 해주지 않는다고 나무란 데서 싸움이 발단한 것으로 알려졌다. 미국에 먼저 와서 서양문화에 먼저 동화된 연하학생은 한국식으로 나이를 앞세워 자기를 제압하려는 연상학생에게 서양식결투로 결판내자고 제안했다. 그런데 그 결투는 연하친구가 연상친구를 죽이는 결과로 끝이 났다.

이 사건은 따지고 보면 같은 한국인이면서 제각기 다른 문화코드에 따라 행동한 때문에 일어났다. 유교문화권인 한국에서는 대학입학동기생 간에도 해당연도 입학생, 재수입학생, 삼수입학생 등을 세밀히 따져 언니, 형, 아저씨 등의 호칭을 붙이고 존대어나 평어를 쓰는 관습을 따른다. 결투에 연루된 연상친구가 연하친구의 결투 제안에 거부 의사를 표하지 않은 심리 저변에는 학교운동장에서 많은 사람이 지켜보는 가운데 싸우다 보면 누군가 말려서 승부 없이 끝날 수도 있다는 계산이 깔렸었을는지 모른다. 그랬다면 그 또한 문화코드의 차이에 따른 판단착오였다고 볼 수 있다.

서양문화코드에 의하면 결투는 잠시 멱살 잡고 싸우다가 누가 말리면 못 이기는 척하고 그만두는 그런 싸움이 아니고 생사를 건 싸움으로 그 누구도 말리지 않는 것이 관행이다. 그러기에 결투장소가 학교운동장이었고 정규체육시간에 벌어졌는데도 아무도 말리지 않았던 것이다. 결투가 점점 치열해지는 것을 지켜보던 동급생들은 결투당사자 간에 '정당대결원칙(fair play rule)'이 제대로 지켜지는지 감시하는 역할에만 충실했을 뿐이었다. 사내 대 사내 간의 합의에 따른 결투는 어느 한 편에서 항복신호를 보내기 전에 제3자가 끼어들면 그게 도리어 결투의 룰을 어기는 셈이기 때문이다.

이 사건에 대한 한국의 여론은 교내살인을 내버려둔 학교 당국에 엄중문책을 해야 한다는 반응 일색이었다. 그러나 그 사건이 발생한 미국 지역사회와 해당 학교에서는 응분의 행정조치를 내리지 않았고 그리 야단법석을 떨지도 않았다. 유럽대륙 북부지역의 거친 자연환경에서 수렵문화, 유목문화, 봉건기사도문화로 탈바꿈해온 게르만 민족에게는 힘의 대결을 통해 주종관계를 결정하는 관습이 전통으로 굳혀졌기 때문이다. 게르만 민족에 관한 가장 오래된 기록인 『*Germania* 게르마니아』는 서기 1세기경의 게르만 민족의 생활습속이 기록된 역사자료인데 거기에 이런 대목이 있다.

> 그들(게르만 족 남자들)은 대개 무장한 채 일하러 가고 여가시간을 즐길 때도 늘 무장하고 있었다. 사냥철이 아닐 때나 전쟁이 없어 무료한 시간을 보내야 할 때는 밤낮을 가리지 않고 술을 퍼마셔도 아무도 나무라지 못했다. 술에 취해 싸움이 벌어지면 그냥 욕설을 퍼붓는 것으로 끝나는 일이 드물고 누군가가 치명적으로 다치거나 죽어야 끝이 났다.(69쪽)

수렵문화, 유목문화, 기사도문화를 거쳐 온 게르만 민족에게는 힘겨루기는 삶의 일상이었다. 자기 목숨은 자기밖에 지켜줄 사람이 없다는 사고방식에 따라 무기 소지는 필수행동수칙이었다. 오늘날 미국에서 잦은 총기난사사건으로 무고한 희생자가 그처럼 많이 생겨도 무기 소지를 금지하는 법을 만들지 못하는 이유는 미국사회의 주류인 게르만 민족의 오랜 전통을 폐기하기가 어렵기 때문이다. 중세유럽 봉건기사도문화에서 연적 간의 결투로 목숨을 잃은 젊은이의 수가 전쟁터에서 목숨을 잃은 수에 맞먹을 정도였다는 말이 허무맹랑한 과장이 아니다.

유교문화권인 우리나라에서는 완력다툼은 시정잡배들의 천박한 행동으로 여겨졌다. 그러기에 "싸움은 말리고, 흥정은 붙이라."했다. 심지어 "맞은 놈은 발 뻗고 자도 때린 놈은 발 오그리고 잔다."라고 하여 시정잡배들과의 주먹싸움에서는 차라리 지는 편이 낫다고 생각했다. 한국에서는 어쩔 수 없이 주먹싸움을 해야 할 경우에라도 죽음에 이를 만큼 치열한 싸움이 되지 않게 하는 안전장치가 있었다. 그것은 바로 "주먹싸움은 코피 날 때까지만 한다."는 것이었다. 이런 문화코드가 없었다면 한국에서도 서양에서만큼 무모한 결투의 희생자가 많이 생겼을 것이다. 만약 그 두 한인고등학생 간의 싸움판에 우리 민족이 낳은 생명존중철학자 김지하 시인이 나타났다면, "야 이놈들아, 죽음의 굿판을 당장 걷어치우지 못해! 조선 사람은 코피가 나면 싸움을 그만두는 법이야!"라는 대갈일성으로 떼어 말려 한 학생은 살인자가 되는 불행에서 구하고, 또 한 학생은 제 명대로 살게 했을 것이다. 또 친구 간에 목숨을 건 싸움을 재미삼아 구경하고 있던 교사와 동급생들에게 서양문화의 포악성을 깨닫게 했을 터인데 참으로 슬프고 안타깝다.

미국에서 최근에 총기난사사고가 연거푸 일어나자 총기 소지에 대한 관행을 폐기해야 한다는 목소리가 높아지고 있다. 오바마 대통령은 이런 국민의 여론을 업고 총기 소지를 금지하는 법을 제정하겠다는 뜻을 밝힌 바 있다. 그러나 미국인의 주류인 게르만 민족에게 수천 년 묵은 전통을 흑인 혈통의 미국대통령이 무너뜨리기에는 역부족이 아닐까 싶다. 법 제정을 너무 무리하게 밀어붙이려다가 역풍을 맞기보다 "문명인의 완력다툼은 코피 날 때까지만 허용한다."는 한국문화코드를 미국교육에 도입하여 미국인의 의식을 바꾸는 것이 낫지 않을까? 한국교육을 본받아야 한다는 말을 자주 하던 오바마 대통령이었기에 하는 말이다. 한류붐을 타고 전 세계가 한국문화에 주목하고 모방하는 바람이 일고 있는 이때에 "주먹싸움은 코피 날 때까지만 허용한다."는 한국문화코드를 전 세계로 파급시켜봄 직하다.

2 혼혈유색인종인 버락 오바마가 미국대통령이 된 비결

버락 오바마는 그의 자서전『*Dreams From My Father* 나의 아버지로부터 물려받은 꿈』에서 그의 생부가 백인에게 당한 수모를 소상하게 기록해두었다. 오바마의 생부는 케냐 사람으로 하와이 대학에 유학을 와서 백인 여자와 사랑에 빠져 오바마를 임신하게 한 후에 케냐로 돌아갔다. 어린 시절에 생부의 얼굴도 모르고 자란 버락 오바마에게 그의 엄마와 외할아버지가 들려준 생부에 관한 다음 이야기는 그냥 전설같이 들릴 뿐이었다.

버락 오바마의 생부와 엄마가 하와이대학의 학생으로 연애하던 시절에 그들 간의 사랑을 어쩔 수 없는 현실로 받아들인 엄마의 아버지(오바마의 외할아버지)와 함께 와이키키 해변의 어떤 술집에 들어갔다. 그때 술집을 꽉 채우고 앉아있던 사람들의 시선이 일제히 새까만 피부의 오바마 생부에게로 집중되었다. 그런 시선에도 아랑곳하지 않고 자리를 잡아 앉았을 때, 어떤 백인남자가 그 술집 안에 있는 모든 사람에게 들릴 정도의 큰 소리로 이렇게 말했다. "오늘 저녁에는 재수 없게도 검둥이 옆에 앉게 되어 술맛 나기는 틀렸군!" 이 말을 듣고 장내는 쥐죽은 듯 정적이 감돌았고 모든 이의 시선은 오바마의 아버지에게로 쏠렸다. 모두 미국사회의 문화코드에 따라 결투가 벌어질 것을 예상하고 숨을 죽이고 그쪽을 바라보고 있었다.

그러나 장내에 있는 모든 사람의 예상과는 달리 오바마의 아버지는 도전한 그 사나이에게로 다가가서 미소를 지으며 그의 옆에 앉아 자기가 아메리칸 드림을 이루려고 미국에 온 동기부터 시작하여 피부 색깔에 관계없이 인간이 보편적으로 누릴 권리에 대해 차근차근 설득하기 시작했다. 숨을 죽이고 듣고 있던 모든 사람이 그의 말에 수긍하는 표정으로 바뀌어갔다. 드디어 도전했던 백인사나이는 굴복한 듯 호주머니에서 100불을 끄집어내어 사과한다는 표시로 식탁 위에 내놓고 자리를 떴다. 오바마의 생부가 받은 100달러는 그날 술값을 내고도 남아 그달 집세를 청산할 수 있을 만큼 큰돈이었다. 버락 오바마가 그 얘기를 처음 들었을 때는 너무 어려서 그 사건에 함축된 깊은 뜻을 알지 못했다. 그러나 상당히 자랐을 때 그의 생부와 하와이 대학 동급생이었다는 일본계 미국인에게서 그 일화가 사실이며 그 얘기가 당시 하와이 대학생들 간에 널리 알려진 영웅담으로 큰 파문을 일으켰다는 사실을 알게 되었다.(10-11쪽)

버락 오바마는 어린 시절에 한동안 인도네시아에 있는 그의 양부네 집에서 양육되었다. 인간성이 좋은 그의 양부 로로(Lolo)는 오바마에게 친절하고 자상하게 대해주었다. 인도네시아의 열악한 생활환경에 적응하여 생존하도록 그의 양부는 오바마에게 개고기, 뱀 고기, 개구리, 메뚜기 볶은 것 등을 먹는 법을 가르쳐 주었다. 또 그가 제2차 세계대전 때 일본의 용병으로 출전하여 죽음의 고비를 넘긴 얘기를 들려주기도 했다. 양부의 전쟁모험담에 흥미를 느낀 오바마가 양부와 나눈 다음 대화에서 의미심장한 교훈이 담겨있다.

"전쟁터에서 사람이 죽은 걸 봤어요?"
"그럼, 봤지."
"그 사람은 왜 죽었는데요?"
"약해서 죽었지 뭐."
"단지 그 이유밖에 없어요?"
"그게 다야."

양부는 바지를 끌어내려 그가 전쟁에서 입은 상처를 보여주면서 말을 이었다.

"인간들이란 다른 인간의 약점을 이용하기를 즐긴단 말이야. 나라 간에도 마찬가지야. 강자는 약자의 땅을 빼앗고, 강자는 약자에게 자기 농토에서 노예처럼 일을 부려 먹거든. 또 약자의 아내가 예쁘면 강자가 빼앗아 간단 말이야."

양부는 얘기 도중에 마른입을 축이기 위해 잠시 말을 멈추었다가 오바마를 향해, "그런데, 넌 어느 쪽이 될 거야?"라고 물었다. 오바마가 얼른 대답을 못하자 양부는 하늘을 쳐다보면서 "강자가 되는 편이 나을 거야. 만약 강자가 될 수 없을 때는 슬기를 발휘하여 강자에게 유화책을 쓰는 것이 이로울 거야. 그러나 너 자신이 강자가 되는 편이 물론 더 좋아."(40-41쪽)

후진국 인도네시아에서 열강 국가들에 짓밟히며 살아온 양부가 어린 오바마에게 들려준 삶의 냉혹한 진실은 오바마의 기억 속에 길이 남아 그의 삶에 큰 영향을 미쳤다. 오바마가 자라면서 그의 생부와 양부가 전해준 교훈을 계속 되새김질한 결과 두 분이 전해준 교훈이 별개가 아니고 같은 취지의 메시지라는 생각에 이르렀다. 생부는 행동으로 보여주었고 양부는 말로 표현했을 뿐이었다. 양부는 인생에서 승자가 되는 것이 최선이고 승자가 되기에 힘이 모자라면 승자에게 유화책을 쓰는 것이 차선책이라고 했다. 남의 생명을 죽여 내가 사는 것을 당연시하는 서양 문화권에서 남을 죽이지 않고 내가 사는 비결을 두 분의 아버지한테 배워 실천했기에 오바마가 미국의 대통령에 오르게 되었다고 볼 수 있다.

남을 죽여 내가 사는 생존방식은 따지고 보면 동물의 왕국에서 횡행하는 '밀림의 법칙'인 것이다. 서양이 르네상스 이후에 과학에 눈을 돌려 가져온 일련의 과학혁명, 산업혁명으로 기른 힘으로 동양과 제 3세계를 지배하게 된 것도 바로 이 '밀림의 법칙'에 힘입은 것이었다. 실로 오바마가 미국대통령에 선출된 사건은 세계 여러 문화권의 우량문화코드가 글로벌문화에 융합되고 통섭될 가능성을 보여준 중대사라 할만하다. 오바마가 미국대통령에 취임한 이후에 수도 워싱턴의 교육감에 한국인을 임명하고 미국 국민에게 한국교육을 본받아야 한다는 말을 자주 하는 이유를 되새겨볼 만하지 않은가?

3 '대침으로 바위 뚫듯' 백인사회의 장벽을 뚫은 한인영웅들

오바마가 백인천하 미국에서 대통령이 된 비결은 "바위에 대침놓기"였다. 그런데 백인천하 미국에서 바위에 대침을 놓아 기적적인 승리를 거둔 한국인이 있었는데 그가 바로 신호범 박사였다. 신호범 박사는 94%가 백인인 워싱턴 주에서 하원의원에 출마하여 기적적인 승리를 거두었다. 그의 자서전 『공부도둑놈 희망의 선생님』이라는 책의 제목에서 암시하듯 그는 서울 역 주변을 맴도는 거지로 지내다가 한국전쟁 때 미군부대 하우스보이로 채용되어 미군의무장교의 양자로 입양됨으로써 미국에서 살게 되었다. 필자가 2011년 여름을 미국 캘리포니아 얼바인 Irvine시에 있는 아들집에서 보내던 중에 얼바인 시립도서관에서 그분의 자서전을 읽다가 눈물이 걷 잡을 수 없이 흘러내려 화장실에 들어가 한참 울고 나온 적이 있다. 그분은 미국에서 19세에 처음 정규교육을 받기 시작하여 단기학습과정을 거쳐 대학교수에 오르고 마침내는 한인교포들로부터 정계진출을 권유받아 "바위에 대침놓기"전략으로 백인세계의 벽을 뚫은 얘기를 자서전에서 이렇게 적어두고 있다.

한번은 어떤 유권자의 집 문을 두드렸더니 주인이 나의 얼굴을 쳐다보고는 노골적으로 이렇게 말했다.

"당신네들 나라로 돌아가요. 여기는 동양인이 너무 많아요!"

이에 나는 물러서지 않고 이렇게 대꾸했다.

"제 집이 여긴데 어디로 돌아가란 말입니까? 이 나라는 하나님이 주인이고 이민들로 이루어진 나라입니다. 당신들 조상들이 이 땅에 먼저 이민 왔으니 당신이 먼저 돌아가면 나도 뒤따라 돌아가겠습니다."

이 말을 듣고 더욱 화를 낼 것으로 짐작했는데 뜻밖에도 그는 미소를 지으며 이렇게 말했다.

"제가 당신에게 설득 당했어요. 나는 이제 태도를 바꾸어 당신에게 표를 던질 것이며 또 당신을 도울 것입니다."

이렇게 말한 웰츠라는 그 백인은 그 다음 날부터 나의 선거사무실에 나와서 열심히 봉사했다. 나는 이 일을 계기로 서양인의 중요한 특징 중 한 가지를 발견했다. 동양인들은 집단정서에 휩쓸려 개인적으로 공감해도 지지자를 바꾸는 일이 좀체 없는데 서양인들은 합리적으로 판단하여 생각을 180도 바꾸기도 한다는 사실이었다. 따라서 서양인들은 합리적으로 설득시키면 의외로 쉽게 내편이 되게 할 수 있다는 자신감을 갖게 되었다.(181-185쪽)

만약 워싱턴 주의 주민이 한국인처럼 혈연, 지연, 학연을 따져 투표했다면 신호범 교수는 3% 이상의 표를 얻지 못했을 것이다. 그런데 개표 결과 소수민족출신이자 정치기반이 전혀 없는 신호범 교수에게 절대다수의 표를 몰아주어 워싱턴 주 의회의원으로 당선시켜주었다. 한국교포들은 그의 승리를 "대침으로 바위를 뚫은 기적"이라 표현했다. 그러나 따지고 보면 바위에도 대침이 들어갈 틈을 보고 찔렀기 때문에 뚫어진 것이다. 그 틈이 바로 백인사회의 문화코드인 "합리적 판단력에 호소하는 논리적 설득"이라는 것이다. 그건 오바마의 생부가 오바마에게 꿈으로 전해준 바로 그 비결과 같다. 백인들이 여러 가지 이유로 비난을 받고 있음에도 불구하고 바위에 대침을 놓듯 도전하는 소수민족에게 틈을 내준다는 점에서는 존경받을만하다는 평가를 받는다. 신호범 교수가 미국 정계에 진출한 이후 승승장구하여 워싱턴 주 5선 상원의원이 되고 마침내 상원부의장에까지 오르게 되었다.

자랑스러운 글로벌한인상 제1호 수상자 신호범박사가
한국에서 초청강연을 한 후, 필자와 면담하다.

한국인으로 미국연방하원의원에 오른 김창준 의원 역시 미국사회의 문화코드를 잘 읽은 덕분에 성공한 케이스이다. 김창준 의원의 자서전 『흔들어라, 나는 희망의 끈을 놓지 않는다.』(58-60쪽)에서 본인은 다음과 같이 말한다.

8명의 후보자들 중에 나 혼자만 이민자였다. 이민자는 영어가 서툴다는 점 외에도 모든 점에서 불리하다. 나머지 7명이 나를 집중적으로 공격해오면 나는 속수무책으로 당할 수밖에 없다. 그래서 나는 TV토론에서 이민자라는 약점을 솔직히 인정하면서 그 약점을 보완할 다른 강점을 부각시키는 것이 좋겠다 싶어 이런 식으로 말했다.

"저는 이민 1세입니다. 홀몸으로 미국에 건너와 30년 동안 부지런히 일하고 영어를 배웠습니다. 저는 아메리칸 드림을 믿고 죽도록 노력해서 엔지니어 출신 사업가가 되었습니다. 저는 장기간 정치를 해온 사람들만큼 정치를 잘 알지 못하고, 변호사처럼 말을 잘 하지도 못합니다. 그렇지만 엔지니어인 저는 도시계획은 아주 잘 합니다. 41선거구에는 재개발 할 곳이 많습니다. 누가 더 여러분의 지역구에 필요한 사람입니까? 얼마 전 통계에 보니 연방의원의 3분의 2가 변호사라고 합니다. 그런데 또 변호사를 보내시렵니까? 긴축재정으로 여러분의 세금을 한 푼이라도 줄여줄 사업가를 보내시렵니까?"

그 설득력 있는 TV연설 덕분인지 진보적인 *LA Times*가 나를 지지한다는 사설을 실었고, 대부분의 지방신문도 나를 지지했다. 이렇게 막판 지지세가 굳혀져 드디어 나는 민주당 후보를 10%차이로 누르고 당선되었다.

유권자들의 정에 호소하여 표를 구걸하는 한국식 선거 전략과는 전혀 달리 김창준 씨를 뽑는 것이 유권자에게 덕이 된다고 설득한 점에서 신호범 박사와 같은 성공비결을 썼다고 볼 수 있다. 김창준 의원은 미국의 고등학교 교과서에 "아메리칸드림을 성취한 상징인물"로 기록되어 역사에 기리 남게 되었다. 이분들이 "바위에 대침 놓기"로 과감하게 도전하여 서양문화의 장벽을 뚫은 비결은 후대의 글로벌 한국인재들에게 큰 도움이 될 것이라는 신념으로 이분들은 한국과 미국을 오가면서 후진양성에 공을 들이고 있다. 77세의 고령인 신호범 박사가 2011년에 한국에 와서 강연할 때 필자도 참석하여 경청한 바 있다. 그때 그분이 한 말씀 중에 "앞으로 30년 내에 한국출신 미국대통령이 반드시 나온다."는 예언이 특히 감동적이었다. 그러나 필자는 요즘 그 예언이 앞당겨 실현될 것 같은 느낌이 들 때가 있다. 자고 나면 새로운 글로벌 한인인재가 계속 솟아나고 있음을 보기 때문이다.

4 한국인의 추한 행동이 글로벌세계에 빛을 발하게 되다니!

이 글은 필자가 2009년에 펴낸 졸저 『동서양문화의 만남』이란 책에 실린 것인데 내용 일부를 개작하여 여기에 다시 싣는 것이다.(저자 주)

달리는 관광버스 안에서 광적인 춤을 추는 한국인들을 볼 때마다 필자는 추한 한국인의 한 모습이라 여겨져 창피스럽게 생각해왔다. 그러나 그것도 내 정신이 말짱할 때의 생각일 뿐이다. 필자가 대학에 재직할 때 평생교육원장 직을 맡았는데 그때 40명가량의 인텔리숙녀들을 인솔하여 경주문화유적지탐방 길에 올랐다. 경남도내 각 시군에서 선발된 여성들을 교육시키는 여성지도자과정의 위탁교육책임자로서 출발 전에 이렇게 당부했다. “여러분들은 도내 여성인구 1만 명당 한 명꼴로 뽑혀온 지도자들입니다. 그런 만큼 여행기간 내내 여성 지도자로서 역할모델이 되어주기 바랍니다. 여러분은 우리나라 관광객들이 버스 안에서 어떤 추태를 보이는지 잘 알고 있을 것입니다. 부디 그런 추태를 부리지 말기를 부탁합니다.”

행선지로 향하는 오전 중에는 모두들 당부한대로 얌전하게 행동했다. 그러나 오후에 돌아오는 버스 안에서는 분위기가 달랐다. 두 숙녀가 상냥한 미소로 내 좌석에 다가왔다. 그중 한 사람이, "원장님, 술 한 잔 권하겠습니다." 또 한 숙녀는 한 손에 쟁반을 들고 다른 손에 젓가락을 든 체, "여기에 안주로 삶은 돼지고기와 김치도 있습니다."라며 권했다. 나는 그것을 받아마셨다. 그건 소위 폭탄주라는 것이었다. 빈 잔을 그들에게 돌려주자 그들은 일제히, "원장님, 우리는 원장님이 술을 좋아하신다는 것을 잘 압니다. 이제부터 같이 즐겁게 놀며 갑시다. 제발 판 깨지 말아주십시오. 한국인들에게 음주가무가 없는 여행은 상상도 할 수 없습니다. 여행에서 마음껏 흥을 풀지 못하고 집에 들어가면 가족들이 "여행 중에 무슨 불상사가 있었어요?"라고 물을 것입니다. 그럼, 우리는 "원장님이란 분이 판을 깨어서 여행을 망쳤다고 하지 않겠습니까?"라는 식으로 말하는데 나는 차츰 설득당하고 있었다.

그들의 권에 못 이겨 또 한잔을 마시고 나니 그들은 나의 소매를 끌어 일으켜 세웠다. 그걸 신호탄으로 하여 좌석에 앉아 있던 모든 사람들이 일제히 버스복도로 몰려나와 엉덩이로 나를 한가운데로 밀고 갔다. 여자 엉덩이 힘이 그렇게 센 줄을 나는 그때 처음 알았다. 나의 항변은 노래와 차 바닥을 구르는 소리에 묻혀 버렸다. 그때 나의 내심의 목소리가, "대세를 따르지 왜 그래?"라고 속삭였다. 나는 곧 그 광란의 열기에 휩쓸리고 말았다. 이런 현상을 집단광란이라고 하던가? 누군가 그 집단광란의 현장을 목격하고 이맛살을 찌푸릴 것이라는 생각이 들면, "다음 순간에 어떤 일이 벌어지더라도 이 상황에서는 이럴 수밖에 없다. 기왕 이렇게 된 이상 신나게 놀자.”라는 생각으로 바뀌어 누가 인솔자이고 누가 교육생인지 구별이 어려울 지경이 되고 말았다. 그런데 이상하게도 그 집단 광란의 향연을 치르고 난 후부터 교육생들은 나의 지시에 전보다 훨씬 더 고분고분 잘 따랐다.

또 한 번은 필자가 문중종친회장으로 관광버스로 조상의 유적지탐방길에 올랐다. 출발 후 조금 가다가 종친 한 분이 마이크를 잡고, “여러분, 우리는 종친이라도 서로 멀리 떨어져 살아 얼굴도 모르고 지냈어요, 오늘 함께 여행하며 안면을 익히고 친해지도록 합시다. 이제부터 차례로 자기소개 겸 장기자랑을 하며 신나게 놉시다.”라고 말했다. 이에 일제히, “좋습니다!”라고 호응했다. 이때 열 살짜리 손자가 우리 좌석으로 다가오더니 내 아내에게 물었다. “할머니, 저에게 일어서서 노래하고 춤추라 하면 어떻게 할까요? 선생님은 관광버스 안에서 춤추고 노래 부르는 것은 옳지 못한 행동이라고 했거든요.”

“그건 할아버지한테 물어보렴.”이라고 아내가 답했다.

순간 위기감을 느낀 나에게 좋은 생각이 떠올랐다. 친척 중에 초등학교 교장 한 분이 차에 타고 있었기 때문이다. 그래서 손자에게, “저기 앉아 계시는 저 분이 초등학교 교장선생님이거든. 저 분이 어떻게 하는지 잘 보고 그대로 하면 된다.”라고 일러주었다.

제일 먼저 전달된 마이크를 잡은 나는 “버스 안에서 즐겁게 보내는 것은 좋지만 너무 광적으로 떠들면 운전에 지장을 주니 앉아서 즐기도록 합시다.”라고 하며 앉은 채로 노래를 불렀다. 다른 몇 사람도 그렇게 했다. 그러나 얼마 가지 않아 몇 사람이 일어서서 음주가무 분위기를 고조시키자 그 분위기를 거스를 수 없다고 느낀 교장 선생님도 일어서서 춤추며 노래를 불렀다. 곧 나의 손자도 예외가 될 수 없음을 눈치 채고 어른들 속에 끼어 신나게 춤추는 것이 보였다. 그 애가 노는 것을 보고, 모두 큰 박수를 보내었다. 어떤 종친은 그 애에게 상당한 팁을 주기도 했다. 이런 광경을 보고 나는 속으로 이렇게 중얼거렸다. “자기가 속한 사회의 문화를 따르지 않으려고 발버둥치는 것은 물고기가 물 밖으로 뛰쳐나가 살겠다고 하는 것과 같다.”

필자는 한류에 불을 지핀 K-Pop이 도대체 뭐가 좋아 전 세계 젊은이들을 열광시키는지 이해가 되지 않아 이에 관련된 자료를 찾던 중에 “Reading the Korean Wave As a Sign of Global Shift”라는 영문연구물에서 다음과 같은 대목을 발견하고 무릎을 탁 치며 “유레카! 바로 이거다!”라며 소리쳤다.

> 한국인들이야말로 관광버스 안에서 춤을 즐기는 세계 유일의 민족이다……. 한류 음악은 한국인 특유의 신바람 춤이 가미된 댄스뮤직인데 이는 한국인들이 스스로 부끄럽게 여겼던 버스 안의 광기어린 춤에서 그 뿌리를 찾을 수 있을 것 같다.

내가 그처럼 수치스럽게 여겼던 한국인들의 문화행동까지 국제사회에서 빛을 보게 되다니 한민족의 운세가 상승기류를 타고 있구나 싶은 느낌이 들게 되었다.

이 여성분들이 필자에게 한민족 신바람 춤의 문화적 가치를 깨닫게 해 주었다. 그 신바람 춤이 요즘 세계를 들썩거리게 하는 싸이 말 춤의 원조가 될 줄을 그때는 몰랐다.

5 못난 오리새끼에서 잘난 백조로 다시 태어난 한인

내가 경북 군위군 군위고등학교에서 근무하던 1960년대 중반에 하루 맥주 한 병씩을 매일 사와서 마시기를 약 2주일가량 계속한 일이 있었다. 그러자 그게 이웃에 이상한 소문이 떠돌게 한 원인이 되었다. 아내가 첫 출산 후에 얼굴에 기미가 잔뜩 끼어 있었는데 의사가 혈액순환을 돕기 위해 맥주를 하루 한 병씩 2주 정도 마시면 나을 것이라 한 때문이었다. 당시 맥주는 인구 1%에도 못 미치는 최상류계층의 술로, 청주는 차 상류계층의 술로, 막걸리는 삼류 대중의 술로 인식되었다. 최상류에는 물론이고, 차 상류에도 끼지 못하는 시골학교교사가 맥주를 매일 마시니 시골사람들의 입방아감이 되기에 충분했다. 그 맥주를 원래 목적대로 아내가 다 마셨다면 소문이 날 일도 없었을 터인데 술을 싫어하는 아내가 맥주를 약 먹듯이 한 모금만 마시고 내밀쳐두곤 한 것이 문제의 발단이었다. 밀쳐둔 맥주를 호시탐탐 노리던 내가 "맥주는 김빠지면 안 되는데"라며 슬그머니 대청으로 갖고 나가 골목으로 지나가는 사람들이 봐주기를 은근히 기대하며 맥주잔에 코를 푹 담그고 회심의 미소를 지으며 마셔댔으니 소문이 날 수밖에 없었으리라. 그런 소문에 아랑곳 않고 아내의 기미가 더디게 없어지기를 은근히 바랄만큼 나는 당시 철부지였다.

그때 나의 그 일탈적인 행동을 심리학적으로 분석해보면, 맥주는 일등인류 서양인의 술, 청주는 이등인류 일본인의 술, 막걸리는 하류인류 한국인의 술이라는 열등의식이 작용했을 성싶다. 우리 민족의 집단열등의식의 발로였다고나 할까. 막걸리, 김치, 된장, 고추장, 마늘장아찌 같은 한국고유음식을 혐오음식으로 보는 서양인들의 눈높이에 맞추어 우리 스스로 저질음식으로 여겼으니 말이다. 이것이 소위 미운오리새끼신드롬이다. 주변강대국에 눌려 오랜 수난을 겪어온 우리 민족이 근세에 밀려든 서양문화에 더욱 주눅이 들어 너도나도 미운오리새끼노릇을 하게 되었다. 내가 50대 중반에 영국에 1년간 머물게 되었을 때, 나날이 먹는 된장 냄새가 행여 밖으로 새나가 이웃의 항의를 받지나 않을까, 외출할 때는 김치냄새, 마늘냄새를 풍길까봐 얼마나 조바심했는지 모른다.

영국에서 현지인들에게 한식을 소개하는 필자의 아내

한식을 요리하여 시식을 하고 있는 영국인들

그러다가 아일랜드 인들이 주로 다니는 영국천주교회에서 친해진 아일랜드출신 신부님과 신도들을 우리 집으로 초대하여 아내가 요리한 잡채, 미역국 등과 함께 김치, 된장, 멸치 등을 시식시켜보았더니 예상 외로 좋아했다. 이에 용기를 얻은 아내가 조금씩 한국음식의 진수를 보여주자 그들은 한국음식에 중독이 된 듯, 우리 집 식사초대를 받고 싶어 안달을 했다. 이걸 보고 한식에 대해 자신감을 갖고 국제사회에 알리면 충분한 경쟁력이 있을 것 같다는 심증을 굳히게 되었다. 그러나 그건 어디까지나 심증일 뿐, 서양인들에게 한국음식의 우수성을 합리적으로 설득시킬 전문식견이 없어 안타깝게 생각해왔다. 그래서 누군가 한국음식의 국제화를 위해 본격적인 연구를 하는 이가 나타나기를 고대지대하고 있었다. 그런데 그런 사람이 드디어 나타났다. 일찍이 행정고시에 합격하여 농수산부관료로 전문성을 길러온 김재수 박사가 그 방면에 독보적인 존재임을 알게 되었다. 그가 OECD근무, 프랑스 파견 농무관, 주미대사관 파견 농무관 등을 거치며 한식세계화방안을 심층 연구하여 펴낸 역작 『미국농업정책과 한국농업의 미래』, 『한국음식 세계인의 식탁으로』, 『식품산업의 현재와 미래』 등을 읽으면서 나는 한국음식에 대한 못난 오리새끼신드롬에서 서서히 벗어나게 되었다. 김재수 박사는 한식세계화에 대한 연구에만 그치지 않고 그 꿈을 실현시키기 위해 농림수산부의 명칭을 농림수산식품부로 바꾸고 자신이 제1차관에 임명되어 한식국제화사업을 진두지휘했다. 그런 개척자 덕택에 나는 우리고유음식에 대한 미운오리새끼신드롬을 완전히 떨치고 백조의 자부심을 갖게 되었다.

나에게 그런 백조의 자부심을 갖게 해준 근거를 김재수 박사의 연구물에서 찾아 정리해본다. 서양인들이 혐오음식으로 본다는 상상 하에 스스로 부끄럽게 여겨왔던 된장, 고추장, 김치, 막걸리 등의 공통점은 발효음식이라는 점이다. 발효음식은 우리 한민족의 지혜와 정서가 깃들어 있고 우리 민족성과 불가분의 관계에 있다. 그것이 우리 민족에게 독특한 냄새와 맛을 풍기기에 타민족에게는 거부감이 들게 하지만 일단 그 냄새와 맛에 길 들리면 중독성이 있어 자꾸 찾게 된다. 이것이 한식세계화의 가능성에 대해 자신감을 갖게 하는 대목이다. 그러나 음식을 미각으로 판정하기보다 머리로 평가하려는 서양인들을 공략하는 좋은 수도 있다. 발효식품인 김치는 조류독감 예방에 특효가 있고, 또 다른 발효식품인 된장은 암 예방에 특효가 있으며, 발효주류인 막걸리는 저가이면서 서양의 포도주 이상의 맛을 즐길 수 있다는 논리로 공략하면 승산이 충분히 있다. 김재수 박사의 역작인 그 3권의 책 속에 한식세계화에 대한 총론부터 각론이 다 실려 있어 한식세계화에 관심이 있는 사람들에게 길잡이 노릇을 충분히 할 것이라고 본다.

잘 사는 나라 사람들의 가장 큰 골칫거리가 비만인 요즘에 한식이 빛을 발하게 되어있다. 식물성재료와 동물성재료의 비율이 8:2인 한식이 건강식의 황금비율이라는 영양학자들의 격찬을 받고 있기 때문이다. 근년에 한류열풍이 일면서부터 한식에 대한 인기 또한 높아져 한식국제화에 가속도가 붙고 있다. 한식베스트셀러로 떠오른 비빔밥이 항공기기내식으로 인기가 급상승하고 있다는 낭보(2012년 7월 9일자)가 우리를 신나게 한다. 최근의 올림픽개최지인 런던에서 KBS기자가 보낸 음식한류에 대한 쾌보도 고무적이다. 기자가 스페인 출신 시연참가자에게 한식에 대한 평을 부탁하자 그는 "한식, 중국식, 일본식 중에서 한식이 단연 최고입니다."라고 했다. 일본철도 JR규슈에서 막걸리를 무제한으로 제공하는 막걸리열차를 2011년 12월 9일부터 운행한다는 광고를 내었는데, 구름같이 몰려든 일본여성고객들과 한국인기배우가 어울려 막걸리칵테일파티를 갖기도 했다(조선일보 2011년 12월 13일자)는 보도도 있었다. 나는 요즘 매일 천 원짜리 막걸리 한 병으로 50년 전에 시골에서 그 귀한 맥주를 아껴 마시면서 맛보던 그 쾌감을 만끽하고 있다.

6 한국인의 신바람향연에 넋을 잃은 뉴욕경찰

2002년 세계월드컵 축구경기가 한국에서 개최될 때에 필자는 교환교수로 뉴욕에 체류했다. 한국 팀이 16강에 오르면서부터 응원열기가 뜨겁게 달아오를 때까지도 그곳에서는 별 반응이 없었다. 미국인들이 야구나 농구만큼 축구에 대한 관심이 크지 않으므로 정규방송에서 끝내 월드컵 축구중계를 하지 않자 일부교포들이 비상수단으로 전파를 받아 대형스크린으로 중개하기 시작했다. 뉴욕의 한인 집단거주지역 Flushing의 대표적인 한국식당 영빈관 2층 대형 홀에서 6월 18일 새벽 2시 반에 8강 대결 경기중계를 한다는 정보를 입수한 아들이 가족들을 데리고 응원하러 간다며 잠을 안 자고 설쳐댔다. 한 밤중인데도 영빈관 주위에는 북새통을 이루었다. 겨우 비집고 영빈관 2층 홀에 들어가니 천명이 넘을 듯한 응원객이 입추의 여지없이 들어서 있고 붉은 악마 복장을 한 젊은이들이 앞에 나가 응원열기를 북돋우고 있었다.

축구최강국 스페인 팀을 만나 과연 이겨낼 수 있을까 기대 반 우려

반의 심정으로 경기가 시작되기를 기다렸다. 곧 경기가 시작되어 손에 땀을 쥐게 하는 장면이 연출될 때마다 홀 바닥을 구르며 서로 엉켜 춤을 추는 교포들의 모습은 한국의 관광버스 안에서 벌이는 신바람 춤의 모습 바로 그것이었다. 수십 번의 아슬아슬한 고비를 겪으면서도 끝내 득점 없이 경기종료시간을 맞게 되었다. 연장전에서도 득점이 없어 결국 승부 차기를 하게 되었다. 승부차기에서도 막상막하를 거듭하여 관중들의 애 끓는 간장을 다 녹였다. 막판에 스페인의 승부차기의 명수 호아킨이 찰 차례가 되었다. 모두 숨을 죽이고 바라보고 있는데 호아킨이 강슛을 날렸다. 그런데 우리 팀의 골키퍼 이운재가 그 빠른 공을 손으로 막아 내는 순간, 홀 안에 있는 모든 응원단이 일제히 발을 구르며 홀이 떠나가도록 함성을 질렀다. 중계가 끝나자 영빈관 측에서 아침식사를 무료로 제공한다는 광고가 있었다. “장소를 제공해주는 것만으로도 감지덕지한데 아침식사를 무료로 제공한다니 이런 일도 다 있나?”라고 누군가 말하자 “그게 다 한국 사람들의 신바람 아닙니까? 이운재가 호아킨의 강슛을 막아 낸 것도 수천만 동포들이 잠을 안 자고 신바람을 일으켜 준 덕이었지요”라고 응수했다. 그날 뉴욕 일간신문에 한인들의 광적인 축구응원에 대한 기사가 실렸다. 고성방가로 인한 인근 주민들의 수면방해, 음주음전 등 부정적인 시각으로 보도된 내용이 주를 이루었다.

준결승이 벌어지는 6월 25일 새벽에도 가족들은 어김없이 일어나 영빈관으로 향했다. 헐레벌떡 영빈관건물입구에 이르니 경찰들이 출입을 막았다. 경기가 시작될 시간이 다 되었는데 경찰이 가로막자 화가 난 교포들이 항의하여 경찰과 교포들 간에 옥신각신 실랑이가 벌어졌다.

저번처럼 빈틈없이 채워 넣으면 얼마든지 더 입장시킬 수 있을 듯한데 경찰이 가로막는 것은 한국이 축구에서 이기고 있으니 시샘하는 것이 아니냐는 투로 억지불평 하는 교민들도 있었다. 그런데 이상한 것은 입장을 못한 사람들이 아무도 돌아가지 않고 홀 안에서 들려오는 함성만 듣고 밖에서 응원하는 소위 "장님응원(blind cheering)"을 하면서 두 시간 이상을 호흡을 같이 한 일이다. 그날 준결승에서 유럽의 강호 독일 팀을 맞은 우리 팀은 사력을 다해 싸웠으나 결국 1:0으로 패배하고 말았다. 그러나 응원을 위해 모인 수천 교민들은 뜨거워진 열기를 식히지 못해 채 밝지 않은 Northern Street을 따라 수백 대의 차량이 행렬을 지어 경적에 맞춰 "대한민국! 꼬레아!"를 연창하며 지나가자 놀란 인근주민들이 몰려나와 이상한 눈길로 바라보았다. 비록 준결승에서 우리 팀이 아쉽게 패했지만 교민들의 응원 열기는 식을 줄 모르고 뉴욕의 새벽거리를 광란의 응원무대로 만들었다.

그날 한인들의 광적인 축구응원에 대한 뉴욕시민들의 반응에 신경이 쓰인 필자는 일부러 시립도서관에 가서 여러 개의 일간신문들을 뒤져봤다. 6월 26일자 뉴욕타임스에서는 한인들이 영빈관 앞에서 출입을 통제하는 경찰들에게 항의하는 장면의 사진과 수백 대의 차량이 열을 지어 거리행렬을 하며 경적에 맞춰 응원가를 부르는 장면을 실어놓고 "코리언들의 집단광증(Collective madness)현장"이라는 말로 표현했다. 그날 경찰의 제지에 불복하다가 잡혀간 사람이 30여 명이 되고 그 외 음주운전 등으로 기소된 사람도 수십 명이었다. 소음, 공무집행방해 등 분명한 범법행위를 저질러놓고도 그날은 예외로 봐주어야 하지 않느냐고 억지를 부리는 한인들을 백인경찰들이 이해하기 어려워한다는 얘기도 실려 있었다. 무엇보다 중계스크린이 보이지 않는 건물 밖에서 두 시간 이상 동안 "장님응원"을 하는 한인들의 특이한 모습에 뉴욕경찰이 넋을 놓고 바라보더라는 가십도 실려 있었다. 뉴욕경찰의 이런 태도는 한국을 전처럼 만만하게 볼 수 없는 나라라는 인식 덕택이었을 것이다.

중국인들이 발행하는 화교신문에서는 한국인들의 별난 응원에 대해 미국인들과는 좀 달리 보는 듯했다. 한국이 경제 기적을 이룬 여세를 몰아 스포츠에서도 기적적인 성과를 거두고 있다고 평했다. 한국이 압축적 경제성장으로 잡은 승기를 살려 다른 모든 분야로 상승기류를 확산시키고 있는 현상을 두고 타이완언론에서 98년도에 처음으로 '한류(韓流)'라는 용어를 만들어 알리게 되었다는 기사도 실려 있었다. 특히 화교신문에서는 한인들의 광적인 축구응원에 대해 뉴욕경찰이 잘 이해 못하는 것은 한국인들의 "신바람"을 잘 모르기 때문이라고 논평했다. 한국이 97년도에 외화부족으로 IMF구제금융을 받게 되었을 때, 외국에서는 한국이 금융위기에서 빠져 나오려면 적어도 10년은 걸릴 것이라 예측했다. 그런데 불과 4년 만에 기적적으로 빠져나올 수 있게 된 것은 국민들의 금 모으기 운동과 같은 한국인 특유의 신바람 일으키기의 영향이 컸음을 상기시켰다. 이번 월드컵축구경기에서 뉴욕교민들이 보여준 광적인 응원열기가 이성문화(logos culture)인 미국사회에 한국의 감성문화(pathos culture)의 존재감을 심어준 계기가 되지 않았나 싶다.

7 미국 애팔래치아 산골마을에서 만난 한국드라마 열광자

이 글은 필자가 2009년에 펴낸 졸저 『동서양문화의 만남』이란 책에 실린 것인데 내용 일부를 수정 보완하여 여기에 다시 싣는 것이다.(저자 주)

나는 2007년 여름을 미국 서부 메릴랜드 애팔래치아 산맥에 자리 잡은 전원도시 컴벌랜드에서 보냈다. 거기에 살고 있는 아들네 집에서 한 여름을 보내는 동안에 현지의 어떤 부인을 알게 되었다. Mrs. Marsha Titchnell이라는 중년부인을 알게 된 계기는 아들네 가족이 여행을 떠나면서 개를 돌봐줄 업소를 찾은 데서 비롯되었다. 직업별 전화번호부에서 어떤 업소에 전화를 걸었을 때, 전화를 받은 여자가 더듬거리는 한국말로, "당신, 한국인 맞죠?"라고 반갑게 물었다. "어떻게 알아요?"라니까, "영어하는 말투로 단박 알았죠. 나는 한국말을 좀 해요. 한국드라마를 매일 보거든요. 어쨌든, 내 집으로 와요. 최선을 다해 도와드릴 테니."라고 했다.

한국드라마 열광자 미국인 Mrs. Marsha가 전국 드라마촬영장 탐방 여행길에 진주 촉석루 앞의 의암(논개바위)에서 찍은 모습

알려주는 약도를 보고 그 집 부근에 이르니 요란한 개소리와 함께 마중 나온 중년부인이 우리를 반갑게 맞으며 한국말로, "안녕하십니까?" 라고 인사를 건넸다. 표정만으로도 우리를 진심으로 환영한다는 것을 느낄 수 있었다. 그녀는 우리 가족들을 친척처럼 반갑게 맞아들여 다과를 대접했다. 그리고는 묻지도 않은 한국드라마에 대해서 줄줄 얘기했다. '겨울연가'에서부터 계속 얘기를 해대는데 우리보다 훨씬 더 많이 알고 있었다. 한국의 인기배우들에 대해서도 상세히 알고 드라마촬영장소도 꿰듯이 외고 있었다. 우리가 여행을 마치고 다시 개를 찾으러 갔을 때, 그녀는 우리를 십년지기처럼 반갑게 맞았다. 개를 데리고 헤어질 때, 나에게 연락처를 달라고 하기에 나의 한국주소와 이메일 등이 인쇄된 명함을 건네주었다.

그 후에 그녀는 전화를 걸어와 "한국에 언제 돌아갈 예정입니까?"라고 물었다. "8월 21일. 지금부터 2주 후에."

"나도 같이 가면 안 될까요?"

"관광목적으로, 아니면 다른 목적으로?"

"한국에서 일자리를 구할 수 있다면 반년 정도 머물고 싶어요."

"기혼부인이 남편과 그렇게 오래 떨어져 산다는 것이 말이 되어요?"

"그건 문제가 없어요. 남편의 동의를 얻어두었으니까요."

그녀의 끈질긴 부탁을 거절할 수가 없어 그녀를 한국에 오도록 주선하기로 마음먹었다. 일단 오면 우리 집에서 머물게 하면서 가까이 사는 손자들에게 영어를 가르치게 하고 틈을 내어 여행을 안내하면 되겠다고 생각했다. 그러나 그 안을 아내에게 얘기했더니 한사결단하고 반대했다. 남편이 열 살 아래인 백인여자와 둘이만 통하는 언어로 지껄이며 돌아다니는 꼴을 못 봐주겠다는 아내의 심리를 이해할 만도 하다 싶어 그 계획은 접었다. 그녀에게 한국에서 일자리를 구하기가 어렵고 우리 집에서 장기간 체류하는 데도 문제가 있다고 이메일로 전했다. 그로부터 몇 달 후에 필자는 그녀가 주미한국대사관에 요청하여 무보수로 한국의 장애자보호기관에서 일하도록 허락받았다는 소식을 들었다. 그러고 나서 두어 달이 지난 어느 날, 그녀가 전화를 걸어 나의 집을 방문하고 싶다고 했다. 그녀는 서울 은평구에 있는 '은평 천사의 집'이라는 장애자보호기관에서 무보수로 일하고 있는데, 추석 휴가로 1주일 쉰다면서 서울에서 기차로 대구에 오는 방법을 알려 달라했다.

그녀가 드디어 우리 집에 왔다. 우리는 그녀를 태우고 시골을 두루 구경시켜주었다. 전라도, 경상도 지역을 두루 다녔는데 그녀는 우리가 모르는 드라마 촬영지의 이름을 대며 가보자고 졸랐다. 필자는 한국드라마에 별로 심취되어 본 적이 없기에 이 미국부인이 한국드라마에 열광하는 이유를 알 수가 없었다. 그래서 이렇게 물었다. "한국드라마의 어떤 점이 좋아서 그렇게 열광하세요?"

"한국드라마에는 나의 심금을 울리는 데가 있어요."

"미국에는 당신 말고도 한국드라마에 열광한 사람들이 더러 있어요?"

"'더러'라니요. 많아요. 특히 가정부인들이 한국드라마를 좋아해요."

"정말 이해하기 어렵군요. 알아듣지도 못하는 대사를 듣고 무슨 감동을 받는지 도무지 감이 잡히지 않는다니까요. 솔직히 나는 한국드라마를 싫어해요."

"아니 왜요?"

"한국드라마는 주로 가족 간에 얽힌 이야기를 다루는데 엄마들이 자녀들의 삶에 너무 집착하는 뻔한 얘기에 식상하거든요."

"아니, 그럴 수가! 실은 제가 한국드라마에 빠져드는 이유가 바로 그 때문인데요. 한국어머니들이 자식들과의 심리적 탯줄을 평생 끊지 않고 사는 것이 부러워요. 동서양을 막론하고 모정은 여자의 본능인데 서양여성들은 자식들과의 심리적 탯줄을 너무 일찍부터 끊고 살아 마음 한 구석이 늘 허전하지요. 그래서 한국드라마를 보고 대리만족을 하거든요."

"그건 그렇고, 지금 무보수로 일하고 있는 그곳의 일은 할 만해요?"

"할 만하다니요? 죽을 맛이지요. 천사 기질을 타고 난 사람이나 할 일이지요."

"그렇게 힘든 일을 왜 지원했어요?"

"드라마를 통해 친밀감을 느낀 한국을 위해 이 정도 대가를 치르는 것은 아깝게 느껴지지 않아요."

이 말을 듣는 순간 필자는 또 무릎을 탁 치며, "이제 알았다!"라고 소리쳤다. 일본의 기혼여성들이 한국인기연예인 배용준이 떴다하면 남편은 안중에도 없이 몰려다니면서 "욘사마 오빠!"라고 연호하는 이유가 바로 이거라는 말이다. 지성보다 감성에 따른 취향을 추구하는 드림세대들은 그네들의 꿈을 추구하기 위해서는 돈도 아끼지 않고, 누가 말려도 듣지 않는다. 한류가 국경을 쉽게 뛰어넘어 파급되는 이유가 SNS를 통해 소통하는 이들 드림세대들 덕택임을 이제 알게 되었다.

8 한류의 원천은 백두산에서 발원한 해란강

마음속에서 한류에 대한 관심이 점점 커져 가던 나는 드디어 한류의 원천을 확인하러 중국 대륙으로 향했다. 다행히 2012년 7월 1일부터 5일간 중국 연변 조선족자치지역에서 여행하면서 한류의 원천을 확인하는데 도움을 줄 사람을 직방으로 만나게 되었다. 연변조선족자치지역에서 여행안내를 맡은 이현우라는 조선족 가이드는 자칭 한류를 타고 코리언 드림을 실현한 청년이었다. 중국의 개방과 함께 한국에 건너가서 7년간 열심히 번 돈으로 연길에 아파트와 승용차를 장만해서 결혼을 하고 부모님을 모실 수도 있게 되었다며 한류 혜택을 톡톡히 본 자신을 자랑스러워했다. 아래 이야기는 그가 며칠 간 여행안내를 하면서 들려준 내용에다 필자가 다른 현지인들을 상대로 탐문 조사한 내용을 종합하여 정리한 것이다.

약 150년 전인 1860년대에 한반도 북부 험준한 산악지대에서 연명하기가 어려워 평원과 구릉지가 많은 만주에 주인 없이 비어 있는 땅이 많이 있다는 소문을 듣고 압록강을 건너 이주한 조선족이 수천 세대였다. 그중에 한 가구인 이현우의 선조는 3대에 걸쳐 만주 간도에서 살다가 해방을 맞아 희망을 품고 다시 고국으로 돌아갔단다. 그러나 북한에 공산정권이 들어섬으로써 강제노동을 강요당하게 되자 차라리 이국땅 만주에서 사는 것만 못하다 싶어 다시 만주로 이주했단다. 90세가 넘도록 사셨다는 그의 할머니가 자손들에게 수백 번도 더 들려준 그 집 가족들의 눈물겨운 이주역사 한 토막을 얘기해주었다. 그의 할머니가 만주와 한국 국경인 두만강을 밤중에 배로 몰래 건널 때 젖먹이 아기였던 그의 아버지가 울음을 터뜨리자 국경을 지키는 중국병사에게 들키면 큰일 난다며 사공이 아이를 강물에 던지라고 했단다. 이때 그의 할머니가 차마 자식을 강물에 던지지 못하고 아이의 귀에 대고 울음을 그치지 않으면 사공이 강물에 던진다고 속삭이자 어린 아기가 그만 울음을 뚝 그치더라고 했다. 그러나 희망을 갖고 그들이 다시 찾아간 만주 땅도 이미 공산체제에 들어가 있어 집단농장에서 일하는 신세로 수십 년을 희망 없이 살아 왔단다.

그러다가 1980년대 말에 소련공산체제가 무너지자 중국정부는 더 이상 공산체제가 인민을 잘 살게 하는 정치제도라고 속일 수 없음을 깨닫고 자본주의 체제로 잘 살게 된 남한의 협조를 얻어 경제를 살리기 위해 한국 관광단을 유치하고 한국의 자본가들을 중국에 끌어들여 현지공장을 설립하게 했다. 그런 개방 붐을 타고 중국에 관광을 온 한국인들과 현지공장을 차린 한국 사업가들의 멋진 옷차림과 돈 씀씀이를 보고 한국은 정말 잘 사는 나라라는 것을 확인한 중국인들은 그야말로 눈이 뒤집혀졌다. 영토나 인구가 중국의 80분의 1에 불과한 남한이 전쟁의 잿더미에서 30여년 만에 기적적인 경제성장을 이룬 것을 보고 공산정권에게 속았다고 느낀 중국의 청년들과 노동자들이 분통을 터뜨린 사건이 1989년 6월 4일에 발생한 천안문사태였다. 전 세계가 지켜보는 가운데 천안문사태는 탱크를 앞세운 중국공산군에 의해 진압되었으나 민중의 분출하는 욕구를 해소할 방안을 찾지 않을 수가 없어 중국공산당정부는 경제만 개방하고 정치는 공산체제를 유지하는 것으로 가닥을 잡았다.

1990년대 초 중국이 처음 경제개방을 할 당시에 한국 돈 1000원은 아이들 껌 값에 불과했지만 중국에서는 3인 가족 하루식비가 될 정도로 한국과 중국의 경제 차이가 컸다. 그래서 한국 관광단을 안내하는 조선족 가이드들은 중국을 일컫는 영어단어 '차이나(China)'는 중국이 한국과 '차이 나는' 나라를 뜻한다는 말로 재미있게 풀이하여 웃기곤 했다. 개방 초기에 중국을 찾는 외국인의 70% 정도가 한국인이었는데 이들 뒤에는 중국인들이 보잘 것 없는 물건을 들고 "천원! 천원!"이라고 외치며 따라다녔고, 거지들이 떼를 지어 다니면서 한국관광객들의 앞을 가로막으며 돈을 구걸했다. 이런 판국에 특히 조선족이 살맛이 났다. 중국의 주류민족인 한족(漢族)이 조선족을 깔보지 않게 되었다는 것이 무엇보다 그들을 살맛나게 했다. 조선말을 할 줄 아는 젊은이들에게 취업 길이 넓게 열리게 된 것도 그들을 신나게 했다. 개방 초기에 한국에 와서 취업하여 1년만 벌면 중국에서 수십 년 뼈 빠지게 일한 만큼 벌 수 있었단다. 1993년 중국 개방 초에 중국탐방교수요원 6인이 중국대륙을 종횡으로 다녀본 후에 이승만 대통령과 박정희 대통령에 대한 오랜 반감이 일제히 숭배로 바뀌었다.

한류의 원천을 찾아 백두산을 오르고 백두산에서 중국조선족자치구로 흐르는 장백폭포 앞에서 동행자 박세규(한국국학진흥원 초대 사무국장)씨와 함께

조선족이 단군 이래 처음으로 중국에서 기를 펴고 살게 되었다고 좋아하던 1992년에 연변방송국에서 한국의 인기 드라마 "사랑이 뭐 길래"를 라디오 연속방송으로 내보내기 시작했다. 그런데 그게 중국조선족사회를 발칵 뒤집어 놓았다. 집집마다 가족이 둘러앉아 한국드라마에 빠져들었다. 북조선보다 못산다고 듣던 남조선이 자기들이 상상도 못할 정도로 잘 살고 있음을 연속극을 통해 알게 된 조선족은 남녀노소 할 것 없이 조국에 대한 자부심으로 부풀었다. 드라마를 통해 알게 된 한국의 남녀평등풍조와 풍요롭고 자유로운 삶의 모습에 감탄한 조선족은 오래도록 억눌려있던 잘 살고 싶은 욕구가 분출하였다.

중국조선족에게서 분출된 욕구가 한족(漢族)에게 옮아져 "사랑이 뭐 길래"가 중국관영 CCTV에 방영됨으로써 중국대륙 전역이 들끓게 되었다. "잠자는 호랑이" 중국을 긴 잠에서 깨운 것은 한국드라마 "사랑이 뭐 길래"였다. 뒤늦게 긴 잠에서 깨어난 중국이 너무나 앞서간 한국을 따라 잡으려니 마음이 급해져서 생각한 것이 전 세계에 분포되어 있는 화교들을 이용하자는 발상이었다. 막강한 경제력을 갖고 있는 화교들의 자본을 국내 산업에 투자하도록 유도했다. 그런데 이 거대한 화교의 연결망이 한류 열풍을 동남아와 전 세계로 확산시키는 통로역할을 톡톡히 하게 될 줄은 아무도 예측 못했다. 어쨌거나 한민족의 영산 백두산에서 흘러내린 해란강 유역이 한류의 원천임을 알게 되었다.

장백폭포에서 흘러내린 백두산 북쪽 물이 만주 조선족의 항일 독립운동의 온상이었던 도문을 거쳐 조선족자치지역을 적시며 흐르는 해란강을 이루어 유유히 흐른다.

9 아시아 전역으로 번져간 한류열풍

중국대륙에서 처음 일게 된 한류가 동남아 여러 나라로 동시다발적으로 파급되어가던 1990년대 후반에 한류를 주춤하게 한 사건이 터졌다. 1997년에 한국이 외환위기를 맞아 IMF구제금융에 기대어야 할 상황에 처하게 됨으로써 한국관광객들의 동남아 여행이 주춤해지고 한류라는 말도 쏙 들어가 버렸다. 그러다가 21세기에 접어들어 바깥에서 다시 들려오기 시작하는 한류 소식에 긴가민가하면서 필자는 그 실체를 확인하고자 외국에서 활발하게 진척되고 있는 한류관련연구에 주목하게 되었다.

하와이대학교의 Jim Dator & Yongseuk교수의 "Korea as the Wave of Future"(Journal of Future Studies, August 2004, 9:31-44)라는 연구에서 한류의 발생 동기와 성격에 대해 소상하게 소개하고 있었다. 이 연구에서는 아시아에서 한류가 일어나게 된 계기는 한국이 압축적 성장을 이룬 데 대해 아시아 국가들이 부러운 눈길로 바라보며 한국문화를 받아들인 때문이라고 평했다. 또 다른 한 가지 동기는 아시아인들에게 잠재된 반

일감정과 반미감정이 제3의 문화를 대안으로 받아들이려는 분위기가 조성된 때문이라고 평했다. 지난 세기에 문화우월주의(ethnocentrism)에 사로잡힌 미국과 일본이 아시아 여러 나라에 문화식민정책을 펴온 데 대해 거부감을 쌓아온 아시아인들이 자기들과 동류의식을 느끼게 하는 한국의 대중문화에 대해서는 호의적인 반응을 보였다는 뜻이다. 홍콩의 Jang Ryu라는 K-Pop열광자가 K-Pop의 장점에 대해 다음과 같이 표현한 것이 한류에 대한 아시아인들의 일반적인 반응이라 여겨져 소개한다.

"K-Pop은 서양가치와 아시아가치를 기술적으로 잘 혼합한데다 한국문화 고유의 특성을 가미하여 창조한 점이 훌륭하다. 한국이라는 나라는 경제적으로나 문화적으로 아시아인들이 따라잡을 수 있다고 보기 때문에 거부감 없이 받아들인다."

홍콩의 영화비평가 Law씨는 "아시아에서 한국의 대중문화가 환영을 받은 비결은 가족가치와 같은 동양적 가치를 주제로 다루었기에 아시아인들의 심금을 울렸다."라고 말하면서 그 한 예로 한국의 랩 밴드 g.o.d.의 랩송의 가사를 소개했다.

> 엄마 보고 싶어요.
> 우리 가족은 너무 가난해서 외식을 할 수 없었지요.
> 엄마가 일 나가고 없을 때, 나 혼자 라면을 끓여먹곤 했지요.
> 그렇게 사는 데 질려서, 나는 엄마에게 외식하자고 졸랐지요.
> 엄마는 마지못해 중국집에 가기 위해 비상금을 써야 했지요.
> 엄마는 자장면을 시켰는데 이상하게도 드시지 않더군요.
> 엄마는 "난 먹고 싶지 않다. 너나 더 먹어라."라고 할 뿐이었어요.

엄마는 “난 먹고 싶지 않다. 너나 더 먹어라.”라고 할 뿐이었어요.
엄마는 “난 먹고 싶지 않다. 너나 더 먹어라.”라고 할 뿐이었어요.
엄마 사랑해요.
제가 전에 엄마에게 이 말을 못한 게 후회스러워요.
사랑해요 엄마. 부디 평화스럽게 쉬세요.

오랫동안 경직된 공산주의체제에 억눌려 지내던 베트남인들에게도 한국드라마 열풍이 강하게 불었는데 이에 대해 베트남의 드라마 비평가 Visser는 이렇게 평했다.

“한국드라마는 오랜 공산체제에서 통제된 베트남 사회에서 외부의 자유세계를 엿볼 수 있는 통로 역할을 했기에 인기가 있다. 서양문화는 너무 이질감이 들고, 공산체제하에서 강요된 교조주의적 문화에 식상한 베트남 대중이 서양문화와 동양문화를 교묘하게 혼합한 한국드라마와 K-Pop댄스뮤직에 쉽게 빠져들게 되었다.”고 평했다. 20세기 말에 아시아를 휩쓴 한류 열풍은 오랫동안 서양문화에 억눌렸던 아시아인들에게 문화적 자존심을 회복하게 했다는 점에서 높이 평가받을 만하다고들 했다.

싱가포르 국립대학교 Doobo Shim교수는 “Hybridity and the rise of Korean popular culture in Asia”라는 연구에서 한류가 아시아 전역에 확산된 데는 뛰어난 예술적 재능을 갖춘 인재, 그런 인재를 발굴하여 키워주는 문화사업가, 국가경제의 뒷받침 등 3박자가 맞았기 때문이라고 평했다. 그는 서태지나 H.O.T. Uptown같은 한국의 초기 댄스뮤직 스타들이 국제무대에서 성공하도록 여건을 조성해준 제1공로자로 이수만을 꼽았다. 그가 1989년에 SM엔터테인먼트를 창설하여 K-Pop 스타 만들기 작업을 해준 덕택에 H.O.T.가 1천만 장의 CD를 팔수 있는 쾌거를 올렸다. 이수만은 이들에게 언어훈련과 문화적응 훈련을 충분히 시켜 외국무대에 세웠다. 기업들도 한류를 지원하고 이용하려는 움직임이 활발하게 일었다. 한류는 외교에도 좋은 영향을 미치게 되었다. 한 예로 베트남전쟁 때에 한국의 전투병들이 파견되어 악연이 있는 나라인 베트남에도 한류가 흘러들어감으로써 묵은 감정이 눈 녹듯 사라져 양국 간에 활발한 교역이 이루어지게 되었다.

동남아시아에서 위세를 떨치던 한류는 여세를 몰아 마침내 문화강국 일본으로 건너갔다. 1990년대 중반부터 '겨울연가'가 NHK에 방영됨으로써 일본열도를 한류 열풍으로 달구자 일본보수파정객들은 자존심이 상하여 경계하는 태도를 취했다. 그래도 한류는 일본 전역에 들불처럼 번졌다. 2006년에는 일본총리 아베 신조가 공식기자회견에서 자기 부인이 한류열광자라고 고백하며 한국문화를 추겨 세웠다. 총리부인 아키에 여사가 2006년 10월 9일에 서울 광희초등학교 2학년 교실에 들어가 수업을 참관한 자리에서 자기는 한국드라마 "겨울연가"를 보면서 한글을 배웠다고 실토했다. 한민족이 집단열등감에서 벗어나게 한 역사적인 사건이었다.

10 북미대륙 구석구석에 스며든 K-Pop

한류열풍을 추적하는 재미에 폭 빠진 필자는 아시아 이외 지역으로 확산되어 가는 한류의 궤적을 추적하자는 욕심까지 부리게 되었다. 그러나 한류의 확산 범위가 워낙 넓어 일일이 현지답사를 할 엄두는 내지 못하고 약 1800여 명의 회원이 가입되어 있는 필자의 홈페이지(http://water -road.net)를 이용하자는 꾀를 내었다. 이 홈페이지에 가입한 회원 중 해외에서 유학중인 교포와 이민자들에게 도움을 청했더니 상당수가 호응하여 해외의 한류 파급 소식을 메일로 전해왔다.

미국 오하이오 주 시골 소도시 Findley에 있는 사립대학에서 종교와 철학을 강의하고 있는 한인 이성청 교수는 2012년 봄 학기 강의가 시작되기 전까지는 한류에 대해 별로 아는 바가 없었단다. 그런데 새 학기가 시작되어 불교학 강의 첫 시간에 석가모니의 탄생에 대한 얘기를 하던 중에 "천상천하유아독존"이란 말의 뜻을 철학적으로 설명하려니 대다수 학생들이 따분한 표정으로 듣고 있어 난감했다. 그래서 그 말의 뜻을 쉬운 영어로 표현하면 "I am the best."가 되고, 한국말로는 "내가 제일 잘 나가"라고 한다며 칠판에 그 한글문장을 썼더니 전혀 뜻밖의 반응이 일어났다. 학생들은 일제히 "와!"하고 탄성을 지르며 서로 하이파이브를 하고 야단이었다. 영문을 몰라 한 학생에게 왜 그 야단들이냐고 물었더니 그 학생이 웃으며, "그 말은 한국의 걸 그룹 2NE1의 노래가사잖아요."라고 하더란다. 미국 중서부 시골지역에서 자란 학생들이 한국의 걸 그룹을 어떻게 알며 더구나 그들이 부른 한국말 노래가사를 외우고 있다니 너무나 신기하여 어리둥절했단다. 그런데 그 사건의 파급효과는 엄청나게 크게 나타났다. 이 교수의 강의를 듣는 어떤 학생이 메일을 보내와 "오늘부터 교수님이 갑자기 달리 보이기 시작했어요. 불교학 강의에서 2NE1을 만나게 될 줄은 상상도 못했어요. 다음 시간에도 한국어 좀 가르쳐주세요."라는 건의를 하더란다. 그 학생의 요구대로 강의 도중에 한국 댄스뮤직의 노래가사를 이용했더니 재미없는 종교 강의를 맡고서도 "최고의 교수"로 뽑히게 되었다고 했다.

이 교수는 그 후 한류가 일시적인 유행으로 끝나지 않을까 은근히 걱정이 되어 계속 지켜봤는데 도리어 한류에 대한 확신이 점점 더 들게 되었다며 후일담을 들려주었다. 세계 각국에서 유학 온 학생들의 상담을 맡은 이 교수는 한류에 대한 각국 젊은이들의 관심이 대단함을 실감했단다. 종전까지 아시아의 대표 언어로 일본어를 배우던 추세가 수그러들고 이제 한국어를 배우려는 열풍이 거세게 일고 있음을 알게 되었다. 사우디아라비아 출신 정치학전공자 아마드라는 학생은 이렇게 말했다. "교수님, 저희는 거의 다 한류를 즐기고 한국을 동경해요. 지금 사우디 젊은 애들은요 모든 종류의 선진문물은 한국에서 온 걸로 믿고 있어요. 과거

할리우드가 주도한 서양문화에 대한 동경이 한국문화로 대체되고 있어요."

필자는 2011년 8월에 5박 6일간 캐나다여행을 했는데 캐나다 현지가이드 윤용집이라는 사람이 캐나다에 일고 있는 한류에 대해 자세히 얘기해 주었다. 캐나다 인구의 5%나 되는 중국인을 통해 2003년경부터 캐나다에 한류가 들어오기 시작했는데 2010년 동계올림픽이 캐나다에서 열렸을 때 한국이 종합 5위에 오르고 김연아가 금메달을 따서 세계적인 주목을 받게 됨으로써 한류바람이 캐나다 전역에 거세게 불게 되었단다. 여행 중에 캐나다 일간신문(*National Post* 2011년 8월 10일자)을 보니 캐나다의 요크대학과 토론토대학에서 한국인이 아닌 백인학생들 중심의 한국문화클럽이 조직되어 그 세가 급격하게 커지고 있다는 보도가 있었다. 또 6K.G라는 이색적인 한류 팬 그룹은 캐나다 내의 비아시아인 고등학교여학생들로 구성된 한국문화클럽인데 이들은 그 일간 신문기자와의 인터뷰에서 한류에 대해 이렇게 평했다.

"K-Pop은 특히 음악이 마음에 들어요. 춤은 배우기도 쉽고 정말 신이 나요. 우리는 아시아인이 들어 있지 않은 순수서양출신 K-Pop Dance Group을 조직하여 자발적으로 활동하고 있는 점이 특징이지요."

필자의 홈페이지의 또 다른 회원인 류인영 씨는 밴쿠버에 이민 가서 사는데 그가 보내온 한류소식을 소개한다. 그의 가족들은 이민 초에 자녀교육 때문에 골치를 앓았단다. 아들이 초등학생시절에 백인 아이들과 잘 어울리지 못해 늘 집에서 혼자 MP3로 노래만 듣곤 하여 자폐증인가 싶어 걱정했단다. 그러던 어느 날, 학교에서 집으로 돌아오는 아들이 백인 아이들 여럿을 데리고 들어오기에 큰 사고를 쳤나보다 싶어 가슴이 철렁 내려앉았단다. 그런데 방에 들어가자 말자 CD를 틀어 놓고 춤추고 노래 부르며 즐기는 모습이 가관이었단다. 알고 본즉 한류가 캐나다 청소년들에게 선풍적인 인기를 끌게 되자 백인아이들이 자기 아들에게 한국의 인기가수들의 노래를 부를 줄 아느냐고 묻기에 그가 신나게 한 곡을 불렀는데 그게 인기 독점을 하게 된 계기가 되었단다. 그때부터 백인 친구들을 한 패씩 데려와서 한글노래를 가르쳐 주는 등 주도적인 역할을 하기 시작하더니 그 다음 학기에는 학급반장이 되었단다.

그의 얘기는 거기서 그치지 않았다. 자기 아들이 한꺼번에 7~8명의 친구들을 데리고 와서 장시간 머물며 숙제도 같이 하고 놀기도 하는데 먹을 것을 해주려니 너무 힘이 들어 손쉬운 방법으로 한국산 컵라면 한 박스와 물 끓이는 포트 하나를 넣어두었더니 백인아이들이 김치 맛이 나는 한국산 컵라면 맛에 혹해서 야단이더란다. 그걸 보고 점심도시락도 컵라면으로 싸주었더니 급우들이 그 맛에 혹해서 저희 부모들을 졸라 모두 컵라면을 싸오게 되었단다. 그게 다른 학급으로 즉각 확산되어 전교생점심이 한국산 컵라면으로 바뀌고 학교에서는 더운 물만 제공해주게 되었단다. K-pop에서 시작된 한류가 한국의 음식문화, 패션 등으로 확산되어 간 좋은 예이다.

11 유럽 예술의 중심지 파리를 뜨겁게 달군 한류

한류의 궤적을 추적하는 일에 한창 열을 내던 필자에게 때로는 두려운 생각이 들기도 했다. 전 세계로 들불처럼 번져가는 한류를 두고 "여름 소나기처럼 잠시 스쳐가는 유행에 지나지 않을 것"이라는 식으로 찬물을 끼얹는 이들이 가금씩 나타나기 때문이다. 그러나 그런 두려운 감정이 고개를 쳐들 때마다 지구촌 또 다른 곳에서 한류바람이 거세게 일고 있다는 희소식이 날아들어 나를 안심시켰다.

2011년 6월 10일에 프랑스의 제니스 드 파리 공연장에서 SM연예기획사가 주관하는 타운 공연이 예정되어 있었는데 공연을 하루 앞두고 파리의 양 대 일간지에서 한류소식을 톱기사로 다루어 그 공연에 대한 파리 시민의 기대가 폭발적임을 알렸다. 프랑스의 대표적인 일간지 르몽드는 "유럽에 휘몰아친 한류"라는 표제 하에 "유럽의 한류 팬들은 5년 전부터 기다리던 K-Pop공연의 꿈을 이루게 되어 행복해한다."면서 "이제부터 K-Pop은 한국의 자랑스러운 수출품이 되었다."는 찬사를 보냈다. 르몽

드와 쌍벽을 이루는 일간지 르 피가로는 "소녀시대가 선보일 춤음악이 유럽에 혁명적인 바람을 일으킬 것"이라고 예고했다. 또 프랑스에서 최고의 청취율을 자랑하는 라디오방송에서는 샤이니의 노래를 프랑스 전역에 들려주면서 "이런 혁명적인 가요가 프랑스의 젊은이들을 사로잡고 있습니다."라고 소개했다. 프랑스 한류 팬들의 극성이 어느 정도인지는 공연 이틀 전인 6월 8일에 파리 드골 공항에 한류스타들을 맞이하러 몰려든 환영인파에서 가늠이 되었다. 수천 명의 환영인파를 통제하느라 공항경찰전원이 동원이 되어도 한류스타들을 호위하기가 어려웠다는 보도가 있었다.

공연 당일에는 매표시간 훨씬 전부터 인산인해를 이루어 매표시작 15분 만에 7000석이 모두 매진되어 표를 구하지 못한 사람들이 폭동이라도 일으킬 태세였다. 유럽 각국에서 달려온 한류 팬 중에 표를 못 구한 300여 명의 열렬 팬들이 루브르 박물관 앞 광장에서 추가공연을 요구하는 시위를 벌여 1회 연장공연을 약속 받았다는 전무후무한 일이 벌어졌다. 그 시위에 가담한 사람들은 영국, 독일, 스페인, 이태리 등 유럽 각국 출신 젊은이들이었는데 이들이 공연장 바깥에서 동방신기와 소녀시대의 노래를 한국어로 열창하는 장면이 전 세계 뉴스로 보도됨으로써 한류의 기세가 얼마나 강한지 전 세계에 보여주었다. 영국의 BBC방송에서는 공연장소를 파리에 빼앗긴 데 대해 애석해하면서 한류 열풍에 대해 이렇게 평했다. "얼마 전까지만 해도 한국 대기업들의 제품은 유럽에 상당히 널리 알려져 있어도 Korea라는 나라는 거의 알려지지 않았는데 최근에 일게 된 한류 덕택에 한국의 나라 이미지가 크게 부각되어 국가

브랜드 가치가 크게 상승한 효과를 거두게 되었다."

프랑스에서 10년가량 살아왔다는 한인교포 리라 윤 씨는 한류에 대해 긴가민가한 태도로 지켜보던 사람이었는데 2011년 6월 10일 파리 공연 당일에 친구의 권유에 따라 그 열기를 확인할 겸 공연장에 가봤다며 그 소감을 다음과 같이 메일로 적어 보냈다. "공연장 입구에 도착한 시간이 매표시작 한 시간 전이었는데 이미 줄은 끝이 보이지 않을 정도로 길게 이어져 있었어요. 그런데 그 긴 줄을 보고도 짜증이 나지 않는 것이 이상했어요. 같이 간 친구도 그렇다고 말했어요. 그보다 더 이상한 것은 우리가 표를 못 구해 입장을 포기하고도 즉시 발걸음이 집으로 돌려지지 않고 계속 주변을 서성거리게 된 것이었어요. 암표 값이 30만원에서 50만원으로 치솟다가 마침내 100만 원선에 거래된다는 소문을 듣고도 기분이 나쁘지 않았어요. 마침내 웅성대던 군중에게서 큰 소리로 외치는 구호가 들리더니 곧 누군가의 선창에 따라 한국가요의 합창이 루브르 박물관 앞 광장에 울려 퍼지면서 춤추는 젊은이들의 물결이 출렁이는 광경을 보는 순간 저와 친구는 눈물을 글썽이면서 그 물결에 휩쓸렸어요. 프랑스에 와서 10년 동안 어깨를 움츠리고 살았는데 이제부터 어깨에 힘을 주고 살 수 있게 된 것이 꿈만 같아요." K-Pop파리 공연 후에 프랑스의 7개 대학에 개설된 한국어학과에 지원자가 대거 몰려 대폭 증원하게 되었다고 한다.

2011년 7월 5일 아일랜드 남단에 있는 항구도시 웩스포드에서 David Glen이라는 사람으로부터 한류와 관련된 한 통의 메일을 받았다. 그는 필자가 2005년 여름에 2 주일 간 학생들을 인솔하여 영국과 아일랜드의 문학 산실을 답사할 때에 알게 된 사람이다. Glen씨는 고등학교에 다니는 자기 딸 Jane이 파리에서 열린 K-Pop공연 때 못간 것을 애석해하면서 겨울 방학 때 친구 몇 사람과 함께 한국으로 배낭여행을 가겠다고 고집한다는 것이었다. 한국은 아일랜드에서 거리가 너무 멀어 여행경비가 만만찮고 여학생들끼리 여행하기에 치안이 걱정된다고 말하면서 말렸단다. Jane은 자기가 대학에 진학하여 한국어를 전공하고 싶다는 포부를 얘기하며 한국에 유학할 수 있는 환경이 되는지 현지답사를 통해 알아보려고 한다는 구실을 내세워 한국여행을 고집한다고 했다. Jane은 K-Pop 가수들의 가요집과 한국드라마 수십 편을 보면서 한국어를 배워 웬만한 한국말은 알아들을 수 있다면서 한국 글과 말이 정말로 그렇게 쉬우냐고 물었다.

필자는 Glen씨에게 딸과 직접 메일을 주고받아도 좋다는 허락을 받아 Jane과 몇 차례의 메일을 주고받았다. 그녀는 메일로 K-Pop을 통해 친숙해진 한국을 연구하여 장차 한국학의 대가가 되고 싶다는 꿈을 얘기했다. 그러나 필자는 Jane의 직접 상담자가 되기에는 세대차가 너무 심하다 싶어 VANK를 통해 도움을 받으라고 소개해주었다. VANK는 "Voluntary Agency Network of Korea"의 약자로 한국을 알고 싶어 하는 사람들에게 이메일을 통해 한국에 관한 모든 것을 알려주는 역할을 하는 기관이다. 그 후 Jane양은 VANK를 통해 알게 된 한국인 친구들의 도움으로 한국여행의 꿈을 이루었으며 2013년 대학입학 때는 한국의 대학에 입학할 준비를 갖추고 있다는 소식도 전해왔다.

12 이슬람문화권의 검은 장막을 뚫고 들어간 한류

한류가 한창 위세를 떨치며 전 세계로 확산되고 있던 새천년 벽두에 이슬람 문화권에는 한류가 확산되기 어려운 상황이었다. 1979년에 일어난 이슬람혁명 이후 쿠란에 억눌려 인간의 지적개발욕구가 억눌려 있었기 때문이다. 그로 인해 과학과 학문이 서양에 크게 뒤지게 된 이슬람권에서는 테러로 서양에 대한 열등감을 해소하곤 했다. 인류역사상 최악의 테러사건으로 기록된 9·11사태가 발생하자 미국이 그 보복으로 이라크를 침공함으로써 이슬람문화권의 서양문화에 대한 배척감정이 극에 달했다. 그런 판국에 한류가 이슬람 문화권에 스며들었다. 이란에서 다년간 경제활동을 하면서 살아온 교포 한 상률 씨의 증언을 토대로 이슬람문화권에 한류가 침투한 과정을 소개한다.

1980년대부터 중동에 진출한 한국기업들은 현지에 상당한 기반을 잡아 경제활동을 해왔다. 그러던 차에 9·11사태로 중동에 진출한 한국기업들이 진퇴양난의 상황에 처하게 되었다. 미국이 2003년 3월 20일에 대테

러전이라는 명분을 내세워 이라크를 침공하면서 우방국인 한국에 대테러 전을 위한 파병을 요구하여 한국은 2003년 4월에 675명 규모의 건설공병단과 의료지원단을 파견하였다. 그 후 2003년 9월에 추가파병요청을 받은 한국정부는 3000명 수준의 '자이툰 부대'의 파병을 승인했다. 이에 반발한 이라크 내의 반미세력들이 미국에 협조하는 나라의 국민들을 인질로 잡아 파병을 중단하지 않으면 처형하겠다고 위협하기에 이르렀다. 드디어 2004년 6월 22일 한국인 김선일 씨가 미군군납업체의 직원으로 활동 중에 이라크 저항세력에 납치되어 처형되는 동영상이 전 세계 TV로 방영됨으로써 이슬람권과 한국의 관계는 최악의 상황에 이르게 되었다.

이런 상황에서 중동에 체류 중인 한국기업들은 살얼음 위를 걷듯이 불안한 나날을 보내었다. 이때 현지 교민 중에 이판사판으로 중동에 한류바람을 불러들이는 문제를 조심스럽게 논의했다. 그러나 서슬이 퍼런 중동사회에서 한국인들이 자칫 잘못하면 큰 변을 당할 수도 있으니 조심스럽게 시도해야 한다는 의견에 따라 그 첫 시도로 2004년 후반기에 이슬람권에서 반한감정이 덜 심한 이집트를 택하여 한국드라마 중에서 이슬람정서에 거부감이 적을 듯한 <겨울연가>를 관영TV에 방영하도록 주선했다. 그런데 기대 이상의 반향이 나타나자 일단 안심하고 드라마 중심으로 중동에 본격적인 한류를 일으킬 구체적인 계획을 세우게 되었다.

2006년 한국정부산하 해외홍보원에서 방송드라마 <대장금>을 이집트의 국영방송 ETRU에 무료로 공급하였다. ETRU는 채널2를 통해 중동

전 지역에 아랍어 더빙을 넣어 방송함으로써 한국드라마에 대한 관심을 불러일으켰다. 이렇게 하여 한국드라마에 대한 흥미가 높아지는 것을 확인한 한국정부는 중동 여러 나라에 방송드라마를 무료로 제공하였다. 그렇게 일게 된 한류가 절정을 이룬 곳은 아이러닉하게도 이슬람혁명의 진원지였던 이란이었다. 2006년 10월부터 이란국영방송(IRIB)채널2에서 1년간 방영된 <대장금>이 86%의 시청률을 보이자 현지의 한인들은 "한류 폭풍"이라고 표현했다. 그런 기적이 일어나게 된 경위에 대해 현지한인 박현주는 "이란에서의 한류연구"라는 논문에서 다음과 같이 보고했다. 이슬람혁명으로 "문화적 진공상태"가 생긴 이란에 한국드라마가 소개됨으로써 이란국민의 문화갈증을 해소해주었다는 것이다. 무엇보다 이슬람문화의 코드를 잘 읽고 그 코드에 맞는 드라마를 추천해주었다는 것이 성공의 열쇠였다. 이런저런 곡절을 겪으면서 한국의 방송영상산업은 급성장하게 되어 2012년을 기하여 프랑스와 중국을 제치고 세계 5위에 오르게 되었다(e-나라지표).

한류가 미래의 중동에 어떤 역할을 해야 할 것인지에 대해 의미심장한 제안을 한 아랍에미리트(UAE)고등기술대학교 안순철 교수의 얘기를 들어본다. 안 교수는 중동에서 10여 년 동안 기업체의 현장경험을 거쳐 중동인들에게 기술교육을 맡게 된 사람으로 조선일보 2012년 7월 20일자의 독자투고 란에 실은 "UAE에서 보고 듣는 한국 그리고 한국군"이라는 글에서 중동지역에 일고 있는 한류에 대한 현지분위기를 다음과 같이 보고했다. 국립 UAE종합대학에 한국을 좋아하는 학생들 500여명이 자발적인 모임을 조직하여 '아리랑 클럽'이라 명명하고 이 클럽에서

2년 째 한국파병부대인 '아크부대'를 초청하여 특공대무술시범을 보이게 했다는 것이다. 군인들의 무술시범이 한류스타가수들의 공연처럼 흥겹지 못할 터인데 학생들과 현지 언론들의 반응이 폭발적이었다고 전하고 있다. 유흥문화가 발달되지 못한 이슬람 문화풍토에서 젊은이들 마음속에 일고 있는 한류에 대한 열망이 얼마나 강렬했기에 특공대무술시범 관전에 그토록 열광했을까를 다시 한 번 생각해보게 하는 대목이다.

이어 안 교수는 이런 주장을 폈다. "UAE는 공항, 항만, 도로, 통신 등 사회 기반시설이 잘 갖춰져 있어 한국을 비롯한 각국 기업체의 중동지역본부가 몰려있고 세계적인 대학들도 분교를 설치운영하고 있다. 최근 UAE의 각 전문기관은 막대한 예산을 들여 최신 의료, 통신, 공병기술 및 레이더 등 첨단 고가장비들을 구입하고 있지만 정작 이 장비들을 효율적으로 운용하는 기술과 인력은 부족하다. 한국에서 파병 나온 젊은이들이 지금처럼 우수성을 보여주고 장기적인 신뢰를 얻는다면 이 분야에의 진출도 확대될 것임을 확신한다." 중동지역의 한류는 이슬람특유의 정서를 중시함으로써 신뢰를 쌓고 나라마다 다른 특수사정을 잘 살펴 그들에게 부족한 점을 우리의 능력으로 보완해줌으로써 국익을 챙기는 방향으로 살려나갈 필요가 있음을 암시하고 있다. 어쨌거나 타문화의 침투를 가장 심하게 경계하는 이슬람 문화권에 한류가 흘러들어갔으니 이제 한류는 지구촌 끝까지 스며들었다고 할 수 있다.

13 인류공영에 기여하는 쪽으로 방향을 튼 한류

최근에 한류가 흘러가는 방향에 대한 논의가 활발해졌다. 매일경제신문의 프로젝트팀이 내놓은 「한류본색」이라는 연구보고서에 한류의 방향에 대한 두 갈래 제언이 대두되었는데 그걸 요약하여 소개한다.

- 2011년도 현재 우리나라의 1인당 GDP가 2만 3천 달러에 이르는 만큼 한류를 통해서 문화산업을 적극 육성해야 한다.(박재완 기획재정부 장관)
- 정부 주도로 한류를 이끌어 가면 국제사회로부터 문화침략이라는 오해를 사 한류에 대한 역풍을 일으킬 수 있으므로 한류는 자연스럽게 흘러가도록 두는 편이 낫다. (김이환 한국 산업기술진흥협회 상임부회장)

위의 두 가지 제언 중에 첫 번째 제언은 한류를 이용하여 나라의 경제발전에 보탬이 되도록 유도하자는 주장이고, 두 번째 제언은 정부 주도의 한류지원을 하기보다 한류자체의 흐름에 맡겨두자는 주장이다. 특히 두 번째 주장은 라이벌 의식이 강한 일본, 중국, 대만을 의식한 데서 나온 것이다. 그 한 예로 CNN뉴스(2012년 8월 2일자)에서 한류가수 싸이(Psy)의 강남스타일 춤에 대한 인기가 미국에서 가파르게 오르자 일본매스컴에서는 시큰둥하여 표절 운운하면서 깎아내리려고 했다. 또 개인적으로 싸이와 라이벌 관계인 가수 김장훈과도 신경전이 벌어져 국민을 걱정시켰다. 그러나 그 둘은 어렵게나마 화해를 하여 국민들을 안심시켰다. 그러나 나라 간의 라이벌 의식은 개인 간의 불화처럼 쉽게 잠재울 수 없으니 난감했다. 그런데 다행히도 한류가 자체적으로 방향을 바꾸는 것을 보고 역시 우리 민족의 수준이 높다는 생각이 들었다.

한류가 자체 방향전환으로 국민을 안심시켰다는 말은 다름 아니라 최근에 한류가 인류공영에 이바지하는 쪽으로 방향을 틀었다는 것을 의미한다. 인류공영의 기치아래 우리가 쌓은 기술과 지식을 어렵게 사는 나라에게 전해주는 일은 우리 민족의 자긍심을 높여 줄 뿐만 아니라 국제사회로부터 한류에 대한 인식을 달리 하게 할 수 있다는 점에서 대단히 고무적이다. 베푸는 한류에 대해서는 정부차원에서 아무리 지원을 해도 욕을 먹지 않을 것이고 도리어 국제사회로부터도 박수를 받을 것이다. 지금 진척 되고 있는 이런 유의 베푸는 한류의 예를 몇 가지 들어본다. 싸이와 라이벌 관계였던 인기가수 김장훈은 2012년 7월 24일 미국에서 오바마 봉사상을 수상했다. 그는 미국공연에서 얻은 수입전액을 미국마약중독여성들을 치료하는 재활단체에 기부했다. 김장훈이 지금까지 미국에서 기부한 총액이 150억 원에 달하며 중국공연에서 받은 개런티 전액을 중국환경보호사업에 쓰도록 기부한 바도 있다. 한국의 인기 배우 배용준(욘사마)도 일본에 많은 기부를 하여 일본인의 반 한류감정을 누그러뜨린 것으로 알려져 있다.

연예활동이 아닌 기술전수 등으로 베푸는 한류에 시동을 건 대표적인 예가 농촌진흥청(2010년 당시 청장 김재수)이 아프리카 케냐에서 활동 중인 해외농업기술센터(KOPIA)에 봉사요원들을 파견하여 도움을 준 일이었다. 케냐는 1950년대에 한국과 나란히 세계 최빈국 대열에 끼어 있던 나라였다. 한국이 전쟁을 치르고도 세계경제대국으로 부상했는데 케냐는 아직도 60년 전과 똑 같은 최빈국 대열에서 벗어나지 못하고 있는 점이 안타까운 일이다. 케냐가 여러 국제기구로부터 꾸준히 원조를 받아왔음에도 최빈국 신세를 면치 못한 이유가 기술전파를 통해 스스로 일어서도록 도와주기보다 원조에 기대어 사는 의존적인 국민으로 만들었다는 데 착안하여 우리나라는 농업기술전수를 통해 자활능력을 길러주는 데 치중하고 있다. 우리나라의 농촌에서 사라진 지 오래된 재래식 탈곡기를 케냐에 갖고 가서 탈곡시범을 보였는데 그 기계의 놀라운 효율성에 감탄하는 케냐인을 보고 우리의 원조사업이 방향을 제대로 잡았다는 확신을 갖게 되어 이 사업을 아프리카의 다른 수십 개국으로 확대 실시할 채비를 갖추고 있다.

이보다 더 큰 규모로 진척중인 베푸는 한류는 새마을운동세계화사업이다. 2010년 11월 한국에서 열린 G20정상회의에 참석한 남아공 대통령이 "한국의 새마을운동을 남아공에 도입하고 싶다."는 희망사항을 전달한 것이 그 운동을 시작하게 한 동기가 되었다. 그 후 아프리카의 수십 개 나라에서 줄줄이 같은 희망을 표현하여 새마을운동을 아프리카 대륙에 널리 이식하는 거대프로젝트로 확대될 전망이다. 이 거대 사업을 추진하기 위해 ODA(공적개발원조), KDI(한국개발원)같은 기구가 협조체제를 이루어 원활하게 진척될 것으로 보인다. 이와는 별도로 새마을운동의 발원지인 경상북도에서 새마을운동을 UN의 지원 하에 세계적인 개발원조사업으로 발전시키기 위해 반기문 UN사무총장과 협의한 끝에 긍정적인 답을 얻은 것으로 보도되었다(2012년 8월 9일자 동아일보). 또 한인으로 미국 명문 다트머스 대학교 총장을 역임한 김용 박사가 빈국에 의료봉사를 해온 공적을 인정받아 세계은행총재에 임명됨으로써 베푸는 한류의 또 다른 시범을 보이게 되었다.

몇 년 전에 한국천주교 모 추기경이 한국의 젊은이들을 다거 문화전도사로 임명하여 외국에 내보내 글로벌마인드를 기르고 우리 문화를 세계에 전파하는 일을 맡기자는 제안을 한바 있었다. 1960년대에 미국의 케네디 대통령이 평화봉사단이라는 이름으로 미국청년들을 해외에 파견하여 개척정신과 봉사정신을 길렀듯이 우리나라도 그렇게 하자는 뜻으로 풀이된다. 이런 제안에 호응하여 김수환 추기경의 비서를 역임한 박영식 신부가 카톨릭대학교 총장에 임명된 후 한류전문대학원을 설립하여 한류를 세계문화운동으로 승화시키겠다는 의욕을 보였다. 영남대학에서도 새마을대학원을 설립하여 글로벌 한류지도자양성에 힘을 쏟고 있다. 박근혜 정부가 출범하면서 카톨릭대 한류대학원 유진룡 원장을 문화체육관광부장관에 임명한 것만 봐도 한류를 서양 발 르네상스와 맞먹는 문화혁신으로 성공시키겠다는 강한 의지를 읽을 수 있다.

14 네오르네상스의 진앙 한반도 남쪽

나는 한때 증산도에 빠져들 번한 적이 있었다. 1987년 가을 대학축제 기간에 증산도학생서클에서 나의 연구실 문 밑으로 밀어 넣어둔 증산도 포교책자를 펴보고 바로 쓰레기통에 넣어 버릴까하다가 한두 페이지만 읽어보자고 한 것이 결국 그날 밤을 꼬박 새워 그 책자를 다 읽고 말았다. 나로 하여금 밤을 새워 그 책자를 다 읽게 한 것은 증산도의 교리가 황당하다고 느껴지면서도 그 교리가 진리라면 좋겠다는 생각이 들었기 때문이었다. 지금까지 한반도가 겪어온 수난의 역사는 선천(先天)의 역사였고, 곧 닥칠 천지개벽 후에 전개될 후천(後天)의 역사에서는 한반도가 지구의 중심이 된다는 교주 강증산 선생의 예언이 나에게 그런 생각이 들게 한 것이다. 후천 역사에서 일본은 바다 밑으로 가라앉는다는 예언이 내 가슴을 더욱 설레게 했다.

그러나 차츰 마음이 차분해지면서 증산도교리에 대한 회의가 들기 시작했다. 내가 천주교에 입교한지가 몇 년 되지 않은 때라 마음의 갈등이 계속 일어 증산도를 잊으려고 일부러 애썼다. 그러나 후유증이 계속 남아 나를 괴롭혔다. 후유증이란 다름 아니라 일본에 지진이 났다는 소식만 들리면 증산도예언대로 되면 좋겠다는 생각이 고개를 쳐드는 것이었다. 그로부터 몇 년 후 영국에 체류할 때, 일본에 제법 큰 지진이 났다는 소식을 접하고 또 내 가슴이 설레기 시작했다. 이번에는 크게 시작한 김에 그만 끝장내면 좋겠다는 못된 생각까지 했다. 그러다가 그 고민을 영국성당의 아일랜드 출신 신부님에게 털어놓았다. 신부님은 빙긋이 웃으면서 "아일랜드 인들은 영국에 재난이 생길 때마다 영국이 지구상에서 영원히 사라지기를 속으로 비는걸요."라며 생명체가 자기 생존에 위협이 되는 천적이 없어지기를 바라는 것은 본능적방어기제이니 어쩔 수 없다고 말했다. 신부님의 그 말씀으로 나는 면죄부라도 받은 듯, 재작년 일본에 발생한 대지진이 원전사고로 이어졌을 때에도 동정은커녕 증산도의 예언이 이루어지기를 은근히 바라고 있었다.

그러던 나에게 최근에 증산도에 대한 관심을 새롭게 해준 분이 있었다. 지난 세대에 우리나라민주화운동의 돌출부에 섰다가 모진 고초를 겪은 김지하 시인이 바로 그다. 약 15년 전 쯤, 내가 근무하던 국립경상대학교의 인문학연구소 초청강연회에서 "생명존중사상"에 대한 그분의 강의를 들은 적이 있는데, 최근에 그가 펴낸『남조선 뱃노래』라는 책을 접하고 그때 들은 강의에서 채 이해되지 않은 부분을 충분히 알게 되었다. 김지하 시인의 저술『남조선 뱃노래』의 제목이 강증산 선생에게서 나온 것이라는 것도 그 책을 읽고서야 비로소 알게 되었다.『남조선 뱃노래』를 읽으면서 내가 25년 전에 증산도 교리를 하룻밤에 벼락치기로 읽은 것을 부끄럽게 생각하게 되었다. 김지하 시인이 우리 고유문화의 뿌리를 천착하기 위해 발휘한 강한 의지와 끈기에 감탄하고 그 긴 세월 동안 생명의 위협을 느끼는 상황에서도 역설적으로 생명존중사상이라는 긍정적인 철학을 정립하여 세상에 내놓았으니 그의 구도정신에 경외감마저 들었다.

김지하 시인은 "남조선 뱃노래"를 이해시키기 위해 최재우, 전봉준 최시형, 손병희, 김일부를 거쳐 강증산에 이르기까지의 동학사상의 배태와 발전과정을 주도면밀하게 추적해 설명했다. 그러나 여기서는 최대한 간략히 정리해 소개하고자 한다. 1860년대 구한말에 최재우 선생은 백성들이 헐벗고 굶주리는 조선 땅에 서양문명이 밀고 들어와 더욱 혼란을 가중시키고 있음을 보고 개탄하여 동양적 가치를 수호하기 위해 동학을 내세웠다. 동학의 핵심사상은 소위 "인내천(人乃天)"이라는 말로 표현되는데, 이는 "사람이 곧 하늘"이니 백성을 하나님처럼 모셔야 한다는 것으로 요약된다. 하나님처럼 모셔야 할 백성이 억눌리고 핍박받아온 지난 세월이 소위 선천(先天)의 역사였고, 개벽 후에 다가올 후천역사에서는 억눌리고 핍박받아온 사람이 복을 누리게 된다고 가르쳤기에 이를 천도교라 불렀다. 이런 동학사상은 곧 사회개조운동으로 번져 소위 동학란이라는 민란으로 비화하여 엄청난 사상자를 내고 강제 진압되었다.

그 후 1910년대에 강증산 선생이 동학의 불씨를 되살려 재정리한 것이 증산도이다. 관군이 동학군의 위세에 밀릴 때 일본군의 도움을 받아 강제 진압한 조선왕실이 마침내 일본에게 나라마저 내주자 울분과 패배감에 사로잡힌 백성에게 희망을 주기 위한 것이 강증산의 "남조선 뱃노래"이다. 당시 온 세계의 배가 한반도로 몰려드는 상황은 개벽을 통해 선천역사를 끝내고 후천역사를 열기 위한 준비단계라며 긍정적으로 풀이하여 "남조선 뱃노래"로 민중들의 사기를 진작시키려 했다. 이에 대해 김지하 시인은 "남조선"은 한반도의 남쪽이라는 뜻도 있지만 강증산 선생은 선천역사의 모진 수난을 이기고 살아 "남은 조선"이란 뜻으로 썼다고 풀이했다(454쪽). 그는 또 "19세기 말에서 20세기 초의 한반도는 고통 받고 억눌림을 받는 제3세계의 악조건이 모조리 집약되어 있는 곳(456쪽)"이라고 표현하여 한반도 변혁에 세계사적인 의미를 브여하였다. 김지하 시인은 그의 생명철학에 입각하여 한반도에 오게 될 변혁은 "죽임의 역사"에서 "살림의 역사"로 바뀌는 것이라고 역설했다. 서양의 동양침략(서세동점)은 "죽임의 역사"로 곧 끝나게 되어있고, 동양이 주도할 "살림의 역사"가 오고 있다고 장담한다. 또 선천역사에서는 재미로나 힘자랑하기 위해 생명파괴를 일삼던 남성들이 후천역사에서는 주도권을 잃게 되어 생명을 존중하는 여성에게 주도권을 넘겨주게 된다고 주장했다. 그가 최근의 대통령선거에서 여성 대통령 만들기에 앞장선 것도 그의 생명존중철학에서 비롯된 것이다.

최근 신문(동아일보 2012년 12월 25일자)에 "말 춤이여, 북까지 퍼져 한반도 한을 힐링하라."라는 제목으로 실린 김지하 시인의 한류 관련 인터뷰에서 한류를 "네오르네상스"라고 칭한 것을 보고 나는 또 무릎을 탁 쳤다. 그가 한류에 그처럼 거창한 의미를 부여한 근거가 유럽영지주의자 루돌프 슈나이더의 "문명격변기에 인류를 구할 성배민족이 동방에서 나타난다."라는 예언에 둔 때문이다.

15 한반도 남쪽에서 일어난 개벽

* 이 글은 필자가 출강하는 사회교육원에서 전달한 강의내용을 간추려 실은 것이므로 경어를 썼습니다. 대다수 수강자들이 은퇴교육자들이라 수준 높은 용어를 더러 썼음을 밝혀둡니다.(저자 주)

여러분, 제가 한반도에 천지개벽이 일어났다고 말하면 믿으시겠습니까? 아마 안 믿으실 겁니다. 그러나 저는 한반도에 천지개벽이 일어났다고 장담합니다. 그러면, 여러분은 그 근거를 대보라고 하시겠지요? 그럼, 지금부터 한반도에 천지개벽이 일어났다는 근거를 대겠습니다. 그러자면 먼저 '개벽'이 무엇인지, 그 용어의 뜻부터 따져봐야 되겠지요. 여러분, 개벽이 무엇입니까?

"세상이 뒤집히는 것을 말합니다."

"맞습니다. 하늘이 땅이 되고 땅이 하늘이 되었다고 할 정도로 세상이 뒤집히는 것을 개벽이라고 하지요. 그럼 이 '개벽'이라는 용어는 서양에서도 쓰이는 말일까요, 아니면 우리 민족에게만 쓰이는 고유의 용어일까요?"

"우리 민족 고유의 용어입니다."

동학사상의 개벽에 대해 강의하는 필자(C 아카데미에서)

"맞아요. 그럼, 근세에 우리나라에서 개벽이라는 말을 쓴 사람이 누구였지요?"

"강증산 선생입니다."

"맞습니다. 그럼, 강증산 선생은 누구의 사상을 이어받았지요?"

"최제우 선생."

"맞아요. 천도교를 창시한 최제우 선생의 사상을 이어받았어요. 그렇다면, 서양에는 왜 개벽이라는 개념의 용어가 없을까요?"

(아무도 대답을 하지 않았다)

그럼, 제가 설명 드리지요. 서양에도 세상이 뒤집히는 것을 뜻하는 말이 있습니다. 이를테면 혁명이니 혁신 같은 말이 개벽과 비슷한 뜻으로 쓰이지요. 그러나 이런 말들은 우리말의 개벽과는 분명히 다릅니다. 예를 들어 서양역사는 과학혁명, 산업혁명, 사회혁명과 같은 많은 혁명의 연속이었습니다. 그러나 그런 큰 변화를 두고 개벽이라는 말은 쓰지 않습니다. 그건 서양과 동양은 역사관이 다르기 때문이지요. 서양인들은 "역사는 일직선상의 진보"라는 개념으로 역사를 보는 경향이 일반적입니다. 그래서 서양이 르네상스로 과학발전에 몰두함으로써 과학혁명을 가져왔고, 이어 과학혁명이 산업혁명을 가져왔으며, 그 결과로 사회혁명이 이루어졌다고 하는 식의 역사관이 지배하게 되었어요. 그런데, 동양인들의 역사관은 이와 어떻게 다를까요?

"동양인은 순환적 역사관을 갖고 있습니다."

"맞습니다. 동양인들은 역사는 돌고 돈다는 순환적 역사관을 갖고 있어요. 그러기에 우리민요가사에 '화무십일홍이요, 달도 차면 기우나니'라고 했지요. 그럼, 개벽이라는 우리 고유의 용어 속에 동양인의 역사관이 어떻게 내포되어 있지요?"

(무응답의 침묵이 흘렀다)

"그럼, 천도교의 사상을 농축해서 표현한 세 글자짜리 용어가 무엇이지요?"

"인내천."

"맞아요. '인내천(人乃天)'은 사람 안에 하늘이 있다는 말이니 사람이 하늘처럼 존중되어야 한다는 사상이지요. 그런데, 존중되어야 할 사람이 억눌려 온 과거역사는 잘못된 선천역사(先天歷史)였고, 개벽을 통해 오게 될 새 역사는 후천역사(後天歷史)라는 사상이 동학의 핵심이지요. 그런데 개벽은 서양식 역사관에서 말하는 '혁명'과는 달리 세상이 처음 생기게 되었을 때의 원형인 '인내천'의 세상으로 환원된다는 뜻이 내포되어 있어요. 잘못된 세상이 한계점에 이르러 원래의 올바른 세상으로 돌아간다는 사상이 증산도이지요. 강증산 선생은 민중에게 너무 성급하게 사회개조를 하려다가 전봉준처럼 희생되지 말고 개벽이 올 때까지 살아남으라는 희망의 메시지를 준 셈이었어요."

"개벽의 뜻은 알았으니 이제 우리나라에 개벽이 일어났다는 근거를 말씀해주시죠."

"예, 알았습니다. 최근에 세계적인 석학 두 분이 공동집필하여 내놓은 700페이지에 달하는 방대한 연구물 『국가는 왜 실패하는가(*Why Nations Fall*)』에서 남한을 '흥하는 나라의 전형'으로, 북한을 '실패하는 나라의 전형'으로 소개하고 있었습니다. 그중 한 문장만 읽어드리겠습니다. '위성사진을 통해 본 한반도의 밤 전경을 비교하자면, 북한은 전력난으로 칠흑 같은 세상인데, 남한은 휘황찬란한 모습이다(115쪽).' 이 말 말고 제가 한반도 상공에서 직접 목격한 장면을 말씀드리겠습니다. 일본에서 강원도를 거쳐 서울로 들어오는 항공기상에서 내려다보니, 남한은 온통 푸른 숲으로 덮여있어 생명의 땅으로 보이는데, 북한은 삭막한 민둥산이 겹겹이 포개져 있어 죽음의 땅처럼 보였습니다. 원래 똑 같던 땅이 불과 반세기만에 이렇게 달라진 것을 두고 개벽이 일어났다고 하면 틀린 말일까요? 사람들은 하룻밤 사이에 온 천지가 하얀 눈으로 덮이게 되듯이 순간에 일어나는 것만 개벽인 줄로 생각하는데 그렇지 않습니다. 비행기보다 더 빨리 도는 지구 위에 사는 우리가 지구가 돌고 있음을 못 느끼듯이 우리가 사는 세상이 변하고 있어도 매순간마다 느끼지 못하는 것입니다. 수천 년 동안 우리 한민족을 변방으로 보던 중국인이 어느새 상황이 변하여 우리를 부러운 눈길로 쳐다보게 되었는데 이게 천지개벽이 아니고 무엇입니까? 여기 참석해 계시는 분의 반 이상이 여성입니다. 한 세대 전만 해도 식구들의 저녁끼리 마련을 위해 하루 종일 디딜방아를 찧어야 했던 것이 여자의 운명이었는데 여자가 낮에 이런 자리에 나와 강의를 듣는 세상이 오리라 상상이라도 했습니까? 이런 대변혁이 개벽이 아니고 무엇입니까? "배 꺼진다, 뛰지 마라!"라는 말을 들으며 자란 우리가 요즘 배 꺼주고 살 빼려고 뛰고 있는데 이런 변화가 개벽이 아니고 무엇입니까? 대통령 이름 부르기를 자기 집 강아지이름 부르듯 할 만큼 민주화가 포화상태인데 이런 세상을 전에 꿈이나 꾸었습니까? '부엌데기', '밥 쟁이'라 불리며 천대받던 한국여성이 대통령이 되다니 천지개벽이 아니고 무엇입니까? 이렇게 남조선에는 개벽이 일어났는데 북조선에는 일어나지 못한 것이 안타까울 뿐입니다. 여러분, 오늘 제가 아는 체를 좀 했는데 실은 김지하 시인의 『남조선 뱃노래』에서 얻은 지식을 전달했을 뿐입니다.

16 한류는 한반도 남쪽에서 일어난 개벽

우리 민족의 어두운 과거역사를 되돌아보면 청일전쟁이 발발한 19세기 말에서 일제가 끝나는 20세기 중반까지의 반세기가 1년으로 치면 어둠이 극에 달하는 동지에 해당된다고 생각된다. 그 후 1970년대와 1980년대는 어둠에서 벗어나는 여명기라 말할 수 있는데, 이때 우리나라에는 곡조가 다른 두 종류의 노래가 울려 퍼졌다. 하나는 박정희 대통령이 작사 작곡한 새마을노래였고, 다른 하나는 김지하 시인이 작사 작곡한 한풀이 굿타령이었다. 이때 산업역군들은 경쾌한 새마을노래에 발맞춰 신나게 걸으며 일터를 나갔는데 음울한 곡조의 판소리 굿타령이 국민들의 신명을 떨어뜨린다하여 권력을 쥔 박정희 대통령 추종자들은 김지하 시인에게 공산주의자라는 누명을 씌워 사형선고를 내리기까지 했다. 그러나 김지하 시인은 줄기차게 자기의 억울함을 호소하여 40년이 지난 최근에 와서 무죄선고를 받았다.

한 세대 전에 두 갈래의 길을 걸으며 한국사회를 이끌어갔던 두 거인에 대한 평가를 최근에 어떤 신문에서 읽고 공감하게 되었다. "박정희, 김지하의 같은 길 다른 길"(동아일보 2013년 1월 16일자)이란 제하의 글에서 지난 세대에 한국의 두 거목이 궁극적으로 지향한 방향은 같았는데, 한 사람은 한민족을 집단열등감에서 속히 벗어나게 하려는 강박감에서 인권을 경시한 경향이 있었고, 다른 한 사람은 한민족고유의 예술을 통해 억눌린 민중의 한을 풀어주고 기를 살리는 데 역점을 두었다는 점에서 각기 다른 역할을 했다고 평했다. 세계적인 두 석학의 공동저술 『국가는 왜 실패하는가』의 머리말에서도 이와 관련해 다음과 같은 의미심장한 평가를 했다.

> 남한은 박정희 정권하에서 수출과 혁신을 장려하고 공공재를 제공했지만, 북한은 탄압과 통제를 위해 권력을 휘둘렀을 뿐이다……. 남한은 '경제기적'을 이루었지만 북한은 '경제재앙'을 초래했을 뿐이다(15쪽).

남북한이 독재를 쓴 점은 같았는데, 남한은 국민들이 다 잘 살게 하기 위해 독재를 쓴 반면에 북한은 통치자의 절대권력 유지와 사욕충족을 위해 독재를 한 점이 다르다고 지적한 것이다. 이 말 속에는 남한 통치자들이 사리사욕을 위해 독재를 하지 못하게 견제한 것은 민주화세력이었다는 암시가 들어있다. 그런 점에서 보면, 두 거인은 수레의 두 바퀴처럼 우리 민족의 오늘이 있게 하는 데 결정적인 역할을 한 공헌자로 추앙받을 만하다. 김지하 시인이 이런 대국적인 역사평가를 받아들였기에 최근의 대통령선거에서 자기에게 고통을 준 독재자를 용서하고 그의 딸이 대통령이 되도록 힘을 실어주었다고 본다. 우리 민족사에 길이 남을 이 대화해가 한반도의 반쪽에서 일어난 개벽이 우리 민족전체의 개벽으로 확산되게 하는 계기를 마련하리라 본다.

김지하 시인이 90년대 들어 자신이 정립한 생명존중철학을 앞세워 투쟁방향을 바꾼데 대해 말들이 많았다. 민주화운동이 어느 정도 결실을 거두어 민족중흥의 길로 들어선 90년대까지 투쟁일변도의 강경노선을 걷던 세력들이 허구한 날 젊은이들에게 분신자살을 부추기는 꼴을 보고 김지하 시인이 "죽음의 굿판을 당장 걷어치워라!"라는 대갈일성으로 결별선언을 한 사건이 우리나라 민주화운동사에서 중요분기점을 이루게 되었다. 그때부터 김지하, 김영환 같은 순수민주화운동세력과 자기네들의 정치 발판 마련을 위해 민주화운동을 이용하려는 민중운동가로 갈라지게 되었다. 그런데 후자가 전자를 사이비민중운동가로 모는 작금의 형국을 보면 "악화가 양화를 구축하는 현상"에 비견된다.

김지하 시인이 우리 민족의 고유문화를 발굴하여 계승하는 일에 얼마나 일관성 있게 매달려왔는지 살펴본다면, 그의 행보에 대한 뒷공론은 어불성설임을 깨닫게 될 것이다. 김지하 시인은 최제우, 전봉준, 최시형, 손병희, 김일부, 강증산 같은 분들이 이어왔던 민중 섬기기 운동을 계승하는 일을 자기의 첫째 임무라고 생각하고 이를 실천하기 위한 수단으로 한국고유민중예술을 연마했다. 그가 1970년에 발표한 시국비판 시 「오적」을 판소리 대사형식으로 다듬은 일이나 1973년에 <진오귀굿>을 훌륭한 마당극으로 다듬어 공연한 일 등은 강증산의 <남조선 뱃노래> 전통을 계승 발전시키려는 노력의 일환이다. 강증산이 조선민중에게 선천세계의 수난을 이기고 살아남으라는 뜻으로 <남조선 뱃노래>라 명명했는데 이는 한민족의 기를 살리기 위한 '살림 굿'이었다. '죽임 굿'의 반대 개념인 '살림 굿'은 앞 글자 '살'에 힘을 주어 발음해야 된다. 90년대에 민중운동을 한답시고 젊은이들의 분신자살을 부추기는 일부세력의 작태를 보고 그가 불같이 화를 낸 이유는 그게 '살림 굿'이 아니고 '죽임 굿'이라 판단되었기 때문이다.

김지하 시인은 동학사상을 국수주의적인 민족종교의 차원에서만 보지 않고 불교의 화엄사상, 도교의 현빈 사상, 증산도의 개벽사상, 기독교의 박애사상 등을 어울러 인류소망의 핵심인 보편적 생존의 통일을 희구하는 철학을 정립하려 했다. 또 그의 생명존중철학을 표현하기 위한 굿도 한국적 샤머니즘의 차원을 넘어 인간생명을 살리기 위한 보편적 종교의식의 차원으로까지 고양시키려 노력했다. 김지하 시인이 요즘 한류의 상징으로 떠오른 싸이의 말춤에 대한 언급은 의미심장하다. "싸이의 말춤이 북녘 땅의 한을 힐링하라."라고 한 말 속에는 한반도에서 일어난 개벽의 여파인 한류가 넘쳐흘러 민족통일을 이루었으면 하는 염원이 담겨있음을 느낄 수 있다. 요즘 전 세계 사람들이 알아듣지도 못하는 싸이의 한국노래를 듣고 절로 신이 나 어깨를 들썩이는 것은 한국 고유의 '살림 굿'은 인류에게 보편적으로 내재된 생명력에 발동을 거는 힘이 있기 때문이다. 지난 미국대통령선거에서 양대 진영의 후보자들이 앞다투어 말춤을 시연해보인 이유가 그 때문이다. 우리나라 대통령취임식 때 싸이의 말춤 공연을 순서에 넣은 것도 남조선에 일어난 개벽의 여파가 민족통일의 염원을 이루도록 분위기를 살리기 위한 '살림 굿'의 성격을 띤다고 해석된다.

제2부 서양 발 르네상스의 전말

1 위대한 폭군 진시황제

필자가 정년퇴임을 하고, 사회교육에 첫발을 내디딘 2007년 4월 말경 어느 날 "위대한 폭군 진시황제"라는 제목을 내걸고 막 강의를 시작하려는데 수강자 한분이 손을 들더니 "교수님, 폭군 앞에 '위대한'이라는 말을 붙이다니 말이 된다고 생각하십니까?"라고 도전적인 질문을 했다.

"예, 좀 이상하게 들리겠지만 제 강의를 다 듣고 나면 진시황제 앞에 '위대한'이라는 말을 붙일만하다고 느끼실 겁니다."

그러나 그는 조금도 물러서지 않고 더욱 흥분하여 "교수님, 교수님의 전공이 영문학이라고 소개받았는데 역사는 언제 공부하시어 이상한 역사논리를 펴려고 하시는지 이해가 되지 않습니다. 저는 역사전공자로 한 평생 동안 고등학교에서 역사를 가르쳤는데 진시황제를 위대하다고 평한 것은 어디서도 보지 못했거든요."

나는 순간적으로 위기의식을 느꼈다. 여기서 내가 밀리면 사회교육데뷔 1라운드 초반에 KO당하여 퇴출되고 말 것이 뻔하기 때문이다. 그러나 한편 '위기가 곧 기회'라는 생각이 들어 이렇게 대답했다. "선생님께서는 그런 표현을 못 보셨다고 하셨는데, 저는 그런 표현을 수십 군데

보았습니다. 저는 현직에 있을 때, 우리나라 제6차 교육과정 고등학교 영어교과서 심사위원으로 활동했는데 그때 우리나라의 영어교과서와 일본의 영어교과서를 비교해보고 깜짝 놀랐습니다. 일본의 영어교과서에는 영어권문화를 소개하는 내용과 일본문화를 서양에 소개하는 내용이 거의 비슷한 비율로 실려 있었는데 우리나라의 영어교과서에는 영어권문화를 일방적으로 소개하는 내용이 거의 전부이고 우리 문화를 소개하는 내용은 5%가 될까 말까 할 정도였습니다. 그래서 우리나라의 영어교과서에도 우리 문화를 소개하는 비율을 높여야 한다는 취지로 우리 문화를 소개하는 내용이 차지하는 비율을 교과서평가의 중요항목으로 넣자고 주장했어요. 그런데 그게 잘 먹혀들지 않았어요. 왜냐하면 외국에 소개할 수 있도록 영어로 쓰인 우리 문화콘텐츠가 거의 없는 현실을 감안하지 않고 교과서집필자들을 아무리 닦달해봤자 헛일이라는 것을 알게 되었어요. 그래서 제가 그 일을 해야 되겠다는 생각이 들어 저는 그 후 10여 년 동안 여러 차례에 걸쳐 영어권나라 6개국에서 장기 혹은 단기체류하면서 그 나라의 초중고교과서에 실린 동양문화 또는 한국문화 소개 내용을 다 훑었어요. 약 120권에 달하는 책을 훑어 봤는데 그 책들 중에 '위대한 진시황제'라는 말을 수십 군데서 발견했어요. 또 최근에 "위대한 폭군 진시황제"라는 제목으로 미국 A&E와 중국 관영방송 CCTV가 공동으로 제작한 4부작 방송프로그램도 나왔다는 소식(2008년 4월 23일자 CNN뉴스)을 들었어요."

"위대한 폭군 진시황제"라는 주제로 강의하는 모습(D 대학 평생교육원)

불안한 표정으로 사태를 지켜보던 수강자들이 내말을 들으면서 차츰 안도의 표정으로 바뀌어가고 있음을 감지할 수 있었다. 나는 내친김에 우리나라의 그릇된 역사교육 관행을 지적해야 되겠다 싶어 다음과 같이 말을 이어갔다. "E. H. Carr의 유명한 저서 『역사란 무엇인가?』의 서문에서 '역사는 과거와 현재의 대화'라고 말했어요. 그래서 서양에서는 그 이론에 입각한 역사교육을 하고 있었어요. 고착된 역사지식을 전달하는 데 치중하는 우리나라의 역사교육과는 달리 토론 중심인 서양역사교육에서는 기존 역사를 현대적 관점에서 끊임없이 재해석을 해왔기에 진시황제에 대한 긍정적 평가를 하기에 이르렀다고 봅니다. 최근에 서양에서 진시황제에 대한 그런 긍정적 평가를 한 데 대해 중국도 수긍했기에 미국과 중국의 관영방송에서 '위대한 폭군 진시황제'라는 방송프로그램을 공동제작하기로 했다고 봅니다."

강의시작 벽두에 뜻밖의 공격을 받고 방어본능이 발동한 내가 질문에 너무 과잉대응했다는 느낌이 들어 다음과 같은 말로 본론에 들어갔다. "자 그럼, 진시황제의 업적을 하나씩 들면서 평가해봅시다. 진시황제가 폭군이라고 불리게 된 것은 주로 '분서갱유' 때문이지요. 그런데 서양에서는 분서갱유에 대해 동양에서처럼 그렇게 경직된 평가를 내리지 않고 있음을 봤어요. 왜냐하면, 그가 모든 책을 불태우게 한 것이 아니고 의서와 농서 같은 민생에 필요한 도서는 오히려 권장했다고 해요. 탁상공론으로 백성을 현혹시키는 제자백가의 비현실적 학문태도를 한심하게 여긴 그가 그네들에게 현실감각을 일깨워 주려고 일벌백계의 조치를 한 것인데 이를 너무 악의적으로 평가했다고 해석하더군요. 서양의 사학자 중에는 만약 진시황제가 좀 더 오래 살아 그의 통치이념을 중국에 고착시켰다면 고대에 서양보다 앞선 과학기술을 자랑하던 중국이 발전에 가속도가 붙어 서양을 멀찌감치 따돌렸을 것이라고 말하는 이가 있어요. 진시황제가 갑자기 죽고 들어선 한 나라에서 동중서라는 유교 대가가 유교를 중국 유일의 통치이념으로 삼자고 한무제를 설득시킨 결과 중국이 유교 천지가 되었어요. 그래서 유교를 폄하한 진시황제를 폭군으로 규정하여 후대에 전한 것이 계속 무비판적으로 후대로 전해져 왔어요. 그 후 거의 2000년 동안 중국의 엘리트들이 관념적 학문에만 매몰되어 정답이 없는 인간 도리에 대한 논쟁만 일삼아 왔어요. 서양은 르네상스 이후에는 정답이 확실한 과학탐구에 매달려 국경 없는 경쟁을 벌여 발전시킨 과학기술의 힘으로 동양을 짓밟았어요. 동양이 서양에게 짓밟힌 원인이 관념학문에만 매달려온 때문임을 뒤늦게 깨달은 중국인은 '동도서기(東道西器)'라는 말로 변명했어요. 중국이 뒤늦게 서양을 따라잡기 위해서 관주도하에 문화혁명을 일으켰는데 그 혁명이 추구한 노선을 잘 살펴보면 2000년 전에 진시황제가 추구했던 바로 그 노선임을 알 수 있어요. '공자가 죽어야 나라가 산다.'라는 구호를 외치며 공자묘를 파헤치고 비석을 파괴하는 등의 행위를 저질렀는데 이건 현대판 분서갱유라 할 만하지요. 따지고 보면 서양 모든 나라가 추구한 정책노선은 진시황이 2000년 전에 추구한 그 노선이지요. 근년에 서양에서 진시황제를 긍정적으로 평가한 이유가 그 때문이라 봐요. 진시황제의 만리장성구축은 부국강병정책의 전형으로 평가되지요. 50여 개 민족이 수십 개의 나라로 갈라져 전쟁이 끊임없이 일어나던 중국대륙을 통일하여 질서를 바로 잡았고, 후속조처로 행한 도량형통일, 한자통일, 화폐통일 등은 모두 민생정치였어요. 여러분 제 논리에 이의가 있습니까?" 이에 아무도 답하는 사람이 없었다. 대신에 강의실 뒤쪽에서 "명 강의다!"라는 소리가 들려왔다.

2 '황화론(Yellow Peril)'이란 말을 들어본 적 있어요?

사회교육원에서 역사 강의를 시작한 지, 두 번째 맞는 강의시간에 "황화론이란 용어를 아십니까?"라는 질문을 던짐으로써 강의를 시작했다. 그렇게 한 것은 저번에 도전적인 질문을 던진 그 분을 의식한 때문이었다. 그런데 그 질문에 아무도 답을 하는 사람이 없었다. 그래서 동양역사교육에서는 황화론을 다루지 않고 있는데 유독 영어권 나라의 역사교과서에서만 다루고 있다는 것을 알게 되었다. 그래서 그 이유를 나는 나름대로 이렇게 생각했다. 영어권나라에서는 황인종이 한때 유럽에 위협적인 존재였으니 이를 상기시켜 앞으로도 동양이 서양에게 위협이 될 수 있다는 경계심을 고취시켜두자는 뜻으로 그들의 역사책에 넣어두었을 것이라고 판단했다. 그와는 반대로 동양에서는 근세사에서 서양의 위세에 눌려 너무나 심하게 주눅이 들었기에 한때 동양이 서양을 제압했다는 사실조차 까맣게 잊게 된 것이라는 생각이 들었다.

"오리엔탈리즘"에 대해 강의하는 모습(G 병원부설 운경건강대학)

동양이 중세 이전까지만 해도 서양을 제압하고 있었는데 르네상스 이후에 역전된 것을 모르고 서양에 대한 열등의식에 사로 잡혀 있다는 것을 일깨워주기 위해 나는 A. J. 토인비의 총 12권으로 된 *A Study of History*에서 황화론의 근거가 될 만한 부분을 읽고 정리한 내용을 바탕으로 하여 다음과 같은 식으로 얘기를 풀어갔다.

"여러분, 고대세계사에서 중국의 진나라와 맞먹을 강대국이 서양에 있었는데 나라 이름이 무엇이었지요?"

"로마."

"맞아요. 로마와 중국의 진나라는 거의 비슷한 시기에 거대제국을 형성하여 유럽과 중국대륙을 지배하고 있었어요. 그런데, 이 두 거대제국이 서로 대결하거나 영향을 미쳤을까요?"

"너무 멀리 떨어져 있어 힘의 대결이나 직접적인 영향을 미치지는 못했을 것 같은데요."

"그렇게 생각하세요? 직접적인 영향을 미치지는 못해도 간접적인 영향을 미친 적은 있었어요. 그 힌트를 하나 주겠어요. 진시황제가 만리장성을 쌓은 결과로 로마제국이 멸망하게 되었다는 말이 영국의 역사교과서에 실려 있었어요. 그 두 사건이 어떤 인과관계가 있는지 추리해 봐요."

"……"

"그럼 또 다른 힌트를 하나 주겠어요. 고대유럽에 인구대이동이 있었는데 그걸 뭐라고 하지요?"

"게르만 민족 대이동."

"맞아요. 그럼, 게르만 민족을 남쪽으로 이동하도록 압박한 민족이 있었어요. 무슨 민족이었지요?

"훈(Huns)족."

"맞아요. 그럼 훈족은 어디에서 유럽으로 쳐들어왔어요?"

"아시아 북부 초원지대에서 왔어요."

"아시아 북부초원지대와 북유럽은 거리가 상당히 먼데, 왜 그 멀리까지 쳐들어왔을까요?"

"중국에서 만리장성을 쌓아 철저히 방어한 때문이 아닐까요?"

"맞아요. 바로 그거에요. 훈족은 아시아에서 가장 사나운 유목민족 몽골족이고, 이들에게 쫓겨서 남으로 이동한 민족은 유럽에서 가장 사나운 유목민족 게르만족이었어요. 체구가 작고 피부색이 노란 몽골족이 키가 작은 조랑말을 타고 나타나면 게르만족들은 혼비백산하여 달아났다고 해요."

"그때부터 백인종이 황인종을 두려워하게 되었다는 말씀입니까?"

"맞아요. 그게 게르만 민족의 유전인자 속에 황인종을 보면 섬뜩함을 느끼게 하는 방어기제가 생기게 되었지요. 그리고 그게 다가 아니었어요."

"그럼, 황인종이 유럽백인종을 공포에 떨게 한 사건이 또 있었단 말입니까?"

"그럼요. 훈족의 압박을 받아 유럽의 남쪽으로 밀려 내려간 게르만 민족이 로마제국을 무너뜨리고 영국, 독일, 프랑스 등 강대국을 건설하여 세력을 확대해가고 있던 중세에 또 한 번 황인종이 유럽으로 쳐들어와 백인종의 간담을 서늘하게 했어요. 그 황인종이 어느 민족이었지요?"

"몽골족 아닙니까?"

"맞아요. 칭기즈칸이 삽시간에 유럽을 거의 다 정복했지요. 그런데 칭기즈칸이 예상외로 빨리 죽었기에 그 정도로 그쳤지, 하마터면 백인종이 황인종에게 멸족될 뻔했어요. 그리고 서로마제국을 멸망시키고 중동과 유럽, 아프리카까지 세력을 확대해간 오스만제국의 주축세력이 무슨 민족인지 알아요?"

"투르크 족 아닙니까?"

"맞아요. 그 터키 족도 뿌리는 동양의 황인종이지요. 이만하면 백인들의 피에 황인종공포DNA가 생긴 까닭을 알만하지요?"

"그래요. 백인들이 신대륙 아메리카에 대거 이주할 때 아메리카 원주민들을 무차별 학살한 것도 그 원주민들이 황인종이었기 때문이었다는 생각이 들어요."

"그 말도 일리가 있다 싶어요. 아메리카 인디언들은 백인들에게 공존

하자는 뜻으로 옥수수 씨앗을 주는 등 호의를 보였는데도 백인들은 총을 앞세워 정복해 버렸으니 백인의 피에 잠재해 있는 황인종경계유전인자가 작동한 때문이 아닌가 싶어요. 그 뿐 아니라 백인들이 원주민을 제압하고 미합중국을 건설한 후에 세계 여러 나라로부터 이민을 받아들일 때 아세아 인에 대한 비율을 최하로 허용한 것도 같은 맥락에서 이해해야 할 것 같아요."

"그럴듯하게 들리네요. 21세기에 들면서 중국, 한국, 인도 등 아시아 여러 나라의 위상이 크게 부각되자 유럽과 미국에서 우려의 목소리를 내고 있는 것도 같은 맥락에서 이해할만하다 싶어요."

"그러네요."

3 세계최초의 공장이 중국에서 시작되었다

사회교육기관 출강 3일째에 내건 제목이 "세계최초의 공장이 중국에서 생겼다."였다. 이런 기상천외의 제목을 내걸어도 이제 도전적인 질문을 해오는 사람이 없다는 것이 이상하다는 생각이 들어 이렇게 말했다. "지난번 첫 시간 강의 때 여러분 중 한분께서 하신 질문에 제가 너무 과민반응을 나타낸 때문에 여러분이 질문하기를 주저하는 것 같아 죄송하게 생각합니다. 저는 서양식토론강의방식을 우리교육에 도입해야한다는 신념으로 세계적인 아동철학의 권위자 매튜 립맨(Matthew Lipman) 박사가 세운 미국의 아동철학연구소에 가서 6개월간 교육을 받고 온 사람입니다. 그런데도 워낙 오래 우리나라의 주입식교육방식에 물들어 온 탓으로 손쉬운 주입식방식으로 되돌아가려는 경향이 있는 것이 사실입니다. 그런 경향이 보일 때마다 여러분이 견제해주시기 바랍니다. 자 그럼, 오늘 강의의 제목에 대해 쉽게 공감이 갑니까, 안갑니까?"

"안 갑니다."

"왜 공감이 안 간다고 생각합니까?"

"공장은 산업혁명이 최초로 일어난 영국에서 먼저 생겼다고 생각되거든요."

"그렇겠지요. 그러나 18세기 영국에서 산업혁명이 일어나기 수천 년 전부터 중국에는 공장이 있었대요. 기원 전 1천 여 년 전부터 고대 중국에서 중국 본토와 중국에 복속된 수많은 위성국가들에게 공급할 막대한 양의 비단을 짜기 위한 거대한 공장이 있었다고 해요. 그러나 엄밀히 따지고 보면, 고대중국의 그런 공장들은 18세기에 영국에 생긴 방적 혹은 모직공장과는 다른 점이 있어요. 어떤 점이 다를까요? 내가 힌트를 하나 주겠어요. 공장의 기계를 움직이는 동력이 무엇이었는지 생각해봐요."

비판적사고력을 기르는 방법을 전수받기 위해 6개월간 체류한 미국 뉴저지주 몽클레어 주립대학 부설 아동철학연구소에서 아동철학 창시자 Dr. Matthew Lipman박사와 면담하는 장면

"고대의 공장은 주로 사람이나 동물의 힘으로 움직였는데 산업혁명이후는 증기나 전력을 썼다는 점이 다릅니다."

"맞습니다. 바로 그 점이 획기적이었기 때문에 '산업혁명'이라고 불렀어요. 그런데 그런 혁명이 왜 동양에서보다 서양에서 일어나게 되었어요?"

"서양에서 과학이 더 발달했기 때문이라 봐요."

"서양이 고대부터 동양보다 과학이 더 발달했어요?"

"아닙니다. 고대에는 중국이 과학과 기술면에서 더 발달했다고 알고 있습니다."

"그럼, 언제부터 역전되기 시작했지요?"

"르네상스 이후부터요."

"맞아요. 그럼, 르네상스는 무슨 영향을 받아 일어나게 되었어요?"

"십자군 전쟁의 영향이라 알고 있습니다."

"맞아요. 십자군 전쟁 이전의 중세유럽은 천년가량 기독교에 눌려 인간의 지혜가 개발되지 못했어요. 그러다가 십자군전쟁으로 동방에서 흘러들어온 인본주의사상이 유럽인들의 의식을 바꾼 것이 르네상스이지요. 그때부터 중세에 기독교교회에서 세운 교육기관들이 신학중심교육에서 자연과학, 사회과학, 인문학중심 교육으로 바뀌게 되었어요. 그래서 르네상스 이후의 유럽은 과학발전을 위한 국경 없는 경쟁의 장이 되었어요. 그 결과로 일련의 과학혁명이 일어나고 그것이 산업혁명으로 이어졌어요."

"과학이 먼저 발달한 동양에서는 왜 침체했어요?"

"정말 좋은 질문을 했어요. 그럼, 동양이 그동안에 뭘 했는지 물레방아를 예를 들어 같이 생각해봅시다. 물레방아는 고대 어느 문화권에서나 다 있었어요. 물의 낙차로 생기는 동력을 이용하는 정도의 단순한 과학지식은 어느 문화권에서나 개발되어 있었으니까요. 그러나 물을 화학적으로 이용하는 기술은 서양인들이 개발하였어요. 그건 뭣 때문이겠어요?"

"……"

"동양에서는 '물은 물이요, 산은 산이다.'라는 식의 추상적이고 관념적인 태도로 물을 보았는데 서양인들은 합리적 분석적 방식으로 관찰하여 마침내 물을 뭐와 뭐로 구성되어 있다는 것을 발견했지요?"

"산소와 수소."

"그렇지요. 동양에서는 물은 생명을 살리고, 더러운 것을 정화시키고, 아래로만 흐르는 등의 속성을 지녔다고 하여 인간에게 겸손의 미덕을 가르쳐준다는 식의 추상적 관념론에만 빠져 있었어요. 이와는 반대로 서양은 물을 과학적으로 분석하고 인간에게 유리하게 이용하는 방법을 찾았어요. 물만 그런 태도로 관찰한 것이 아니었어요. 동양에서는 흙은 우주의 다섯 가지 기본 요소(오행) 중 하나인 흙일뿐인데 서양에서는 흙을 수십 가지의 다른 원소로 분리하여 그 원소들이 상호 작용하는 원리를 찾아내었어요. 20세기 초에 시작된 노벨상 수상제도는 르네상스 이후 400년 동안 인류가 개발한 지식개발의 성적표라 볼 수 있어요. 그런데 그 수상자의 90% 정도가 서양인이었으니 서양이 얼마나 큰 격차로 동양을 따돌렸는지 알 수 있어요."

"교수님은 동서양 간의 그런 격차가 지능차이 때문에 생긴 것이라 보십니까?"

"그 질문 정말 잘 했어요. 실은 제가 그 질문이 나오기를 기대하면서 지금까지 논리를 폈어요. 그럼, 그 질문에 직답을 주기보다 제가 질문으로 답하겠어요. 고대에 동양이 과학기술에서 앞선 점으로 보아 동양인이 원래 서양인보다 지능이 낮지는 않았다는 것은 알 수 있지요?"

"예."

"그렇다면, 르네상스 이후에 동양이 서양에 과학이 뒤쳐진 원인은 동양인들이 서양과는 달리 비실용적인 방향으로만 지능을 발휘했기 때문이었다는 데도 동의하세요?"

"예."

"그럼, 여러분들이 저에게 한 질문의 답이 나왔네요. 르네상스 이후 동양과 서양이 각기 다른 방향으로 지능을 개발한 현상을 두고 동양인들이 '동도서기(東道西器)'라는 말로 표현했어요.

4 역사흐름에 따라 뜻이 변해온 오리엔탈리즘

사회교육 제 4차 강의 때는 이런 질문으로 시작했다. "여러분, 오리엔탈리즘이란 영어단어가 서양인들에게 동양을 얕보는 어감을 풍깁니까, 경외하는 어감을 풍깁니까?"

"얕보는 어감."

"맞습니다. 그럼, 그 단어가 처음 생길 때부터 그런 어감을 풍겼을까요?"

"아닐 것 같습니다."

"왜 그렇게 생각하는데요."

"………"

"자 그럼, 그 단어의 어원을 따져봅시다. 'orient'는 '동쪽', '동방', '광휘', '광채', 라는 뜻을 나타내지요. 모두 '해가 뜨는'것과 관계가 있으니 좋은 뜻으로 쓰였다고 볼 수 있어요. 인간의 지혜가 개발되기 전에는 해가 뜨는 동쪽이 인간에게 지혜와 희망의 근원지로 여겨졌을 테니까요. 예수의 탄생을 미리 알고 예루살렘에 나타난 사람들이 누구였지요?"

"동방박사 세 사람."

"그렇지요. 그 분들이 서쪽에서 오지 않고 동방에서 왔다는 것은 희망과 지혜의 상징적 방향인 동방을 암시하는 것이지요. 그래서 인류초기 역사의 상당한 기간에 서양인에게는 동방, 즉 아시아가 동경의 땅, 신비의 땅이었어요. 그래서 동서양 간의 문화교류가 시작된 초기에는 동양문화가 서양으로 흘러간 것이 주종을 이루었어요. 그러다가 어느 때부터 서양문화가 동양으로 역류하기 시작했지요?"

"16세기부터……."

"맞아요. 대충 그쯤부터라고 말해요. 르네상스 이후에 과학발전 덕택에 축적한 힘으로 서양이 동양으로 진출한 것이 16세기부터니까요. 이처럼 서양이 동양으로 진출한 현상을 두고 중국인들이 한자로 뭐라고 표현했지요?"

"서세동점(西勢東漸)"

"맞아요. 그런데 이미 이때쯤에는 역사의 주도권을 쥔 서양인들이 동양인들을 경멸하는 태도로 바뀌어 갔어요. 따라서 오리엔트라는 단어도 동양인들을 얕보는 뜻으로 바뀌게 되었어요. 오리엔트처럼 다른 문화나 인종을 경멸하는 어감을 풍기는 단어가 꽤 많이 있어요. 신대륙에 침입한 백인들이 그 대륙에 원래부터 살고 있던 원주민들을 뭐라고 불렀지요?"

"인디언."

"맞아요. 그런데 그 '인디언'이란 단어는 콜럼버스가 신대륙을 처음 발견했을 때 인도인 줄로 착각하여 지은 이름인데 그걸 고치지 않고 그냥 쓴 것이지요. 어쨌거나 '인디언'이란 단어는 정복당한 종족으로 경멸적인 어감을 풍기지요. 영국인들이 지배하게 된 호주에서 당지에 원래부터 살아온 주민을 뭐라고 부르는지 알아요?"

"Aboriginal(원주민)"

"맞아요. 그 말도 원시, 미개, 야만이라는 어감을 풍기지요. 그 뿐 아니라 오늘날 다민족 국가가 된 미국에서도 동양인을 얕보는 경멸어가 많이 있어요. 그걸 보면 인간은 자기들이 정복한 민족을 경멸감으로 대하는 악한 존재임을 알 수 있어요. 19세기 말에서 20세기 초에 선원으로 전 세계를 떠돌며 서양인들이 유색인종들에게 저지르는 야만적인 행동을 소설로 쓴 조셉 콘래드라는 작가가 있었어요. 영국인인 콘래드는 그의 소설「암흑의 심장부」에서 서양인들은 힘으로 미개한 유색인종을 짓밟고 수탈하면서도 계몽 사업을 하는 것처럼 자랑하는 위선자들이라고 신랄하게 비판했어요."

"교수님은 강자가 약자를 억압하고 수탈하는 행위는 서양인들만 저지른다고 생각하십니까?"

"물론 그렇게는 생각하지 않습니다. 같은 동양인이면서 중국과 일본은 끊임없이 우리를 괴롭히고 수탈하려 했으니까요. 그러니 강자가 약자를 억압하고 수탈하는 행위는 인류 보편의 악행이라 생각해요. 다만 지금 이 강의에서 동양과 서양을 비교하는 이유는 동양에서는 인간의 도덕심을 기르는 것이 인간답게 사는 길이라고 생각하고 그 방향으로만 머리를 쓰는 동안에 서양은 과학을 발전시키는 데만 전력투구하여 그 과학의 힘으로 인간을 편리하게 살도록 도와주지 않고 동양인을 공격하고 수탈하는 데 쓴 것을 두고 악랄하다고 말하는 것이지요. 그뿐만 아니라 서양의 과학자들이 세운 과학의 가설로 세계의 여러 인종을 평가하여 우열순위를 매긴 점이지요."

"세계인종을 어떻게 순위를 매겼는데요?"

"진화론을 발표한 찰스 다윈의 이론에 의하면 인간이 영장류인 원숭이로부터 진화해 왔는데 그 진화속도가 종족에 따라 진도의 차이가 있었다는 가설을 세우고 그 가설에 따라 각 종족의 순위를 매겼어요. 그의 잣대에 의하면 유럽 백인이 최우수종족으로 되어 있어요. 문제는 그게 19세기 말부터 20세기 초의 서양지식인사회의 통념이 되어 최우수종족인 백인들이 유색인종들을 깨우쳐주고 발전시켜 주기 위해 식민정책이 필요하다는 식으로 자기정당화한 것이었어요."

"다윈의 그런 사상이 아직도 효력을 발휘합니까?"

"20세기 말에 탈식민지시대를 겪으면서 위력을 많이 잃었어요. 그러나 백인노년층에서는 아직도 그런 사상에서 벗어나지 못하고 있어요. 21세기에 접어들고부터 미국과 캐나다 같은 다민족국가에서 유색인종들 중에 우수인재가 우후죽순처럼 솟아나와 계층의 사다리를 빠르게 오르고 있어 인종 간 세력 판도가 크게 변하고 있어요. 그런 점에서 최근의 한류가 서양 주도의 르네상스와는 반대방향의 변혁을 알리는 신호탄이라 하여 네오르네상스라는 이름을 붙이기도 해요. 한류를 신호탄으로 하여 세계문화의 롤러코스터가 서양이 내려가고 동양이 위로 올라가게 된다면 오리엔탈리즘이라는 단어도 원래의 뜻을 되찾게 될 것입니다. 오늘 강의의 논리는 사이드의 「오리엔탈리즘」을 근거로 한 것입니다. 감사합니다.

5 동양을 정체시킨 주범은 유교인가?

필자는 서양인으로 동양에 탐험목적 혹은 관광목적으로 여행한 사람들이 남긴 기록을 약 50권 정도 읽었다. 그중 마르코 폴로의 『동방견문록』과 『하멜표류기』 등은 미지의 동방에 대한 경이로움을 표현했을 뿐, 동양가치에 대해서는 중립적인 자세를 취하며 평가를 유보했음을 볼 수 있었다. 그러나 19세기 이후에 동양에 대해 글을 쓴 사람들은 동양문화의 후진성을 지적하며 안타까움 내지는 경멸감을 나타낸 경우가 대부분이었다. 이들은 서양가치를 기준으로 삼아 동양문화를 평가하려한 태도 즉 '자문화우월주의(ethnocentrism)'의 냄새가 물씬 풍겼다.

필자는 서양인으로서 동양가치를 제대로 평가한 사례들을 모아 두고 있었는데 그것을 토론을 통해 객관적인 평가를 해보고 싶었다. 필자가 토론대상으로 선택한 사람은 앞서 소개한 Matthew Lipman박사였다. 이 분은 윤리교육에 대한 독특한 신념을 가진 분으로 알려져 있었다. 인간이 행할 도리, 즉 윤리교육은 스승이 제자에게 일방적으로 전달할 것이 아니라 스승과 제자가 대화로 공동 탐구하는 방법이 바람직하다고 생각하는 분이었다. 이 방법은 서양철학의 원조 소크라테스가 주창한 철학방법이었으므로 '소크라테스 대화법'이라 불려진다. 2002년 3월부터 8월까지 6개월간 미국 New Jersey 주에 있는 Mont'Clair State University의 아동철학연구소에 머물면서 Lipman박사로부터 소크라테스 대화법에 대한 사사를 어느 정도 받은 후에 그분에게 토론을 제안했다. 첫 번째 토론의 주제는 "동양을 정체시킨 주범은 유교인가?"로 정했다. 상당수 서양인들이 유교문화가 동양을 정체시킨 주범이라는 주장을 펴왔기 때문이다. 필자는 서양인들의 그런 주장에 대해 Lipman박사가 동의하는지 질문하는 것으로 토론을 시작했다.

Lipman박사는 토론주제를 보더니 예의 자기방식대로 나의 질문에 대해 대답하는 대신에 필자에게 "이 박사는 유교를 종교로 보세요, 윤리로 보세요?"라는 질문으로 응수했다.

"저는 유교를 종교로 보는 편입니다."

"종교는 사후구원의 길을 제시해야 하는데 공자는 그렇지 못했잖아요?"

"공자가 사후세계는 모른다고 하여 불가지론자로 알려져 있는 것은 사실입니다. 그러나 실제로 유교문화권에서는 유교가 종교 역할 이상을 했습니다."

"무슨 뜻인지요?"

"유교에서는 조상신을 기독교의 하나님만큼이나 숭배합니다. 조상에게 바치는 각종 제례는 기독교의 예배와 같이 신을 섬기는 행위입니다."

"조상신을 어떻게 유일신 하나님처럼 숭배하게 되었지요?"

"저는 조상숭배문화에서 태어나 살아왔기 때문에 그 문화를 무조건 수용해왔습니다. 그러다가 조상숭배사상의 뿌리를 이성적으로 이해하게 된 계기가 있었습니다. 미국인으로 위스콘신 대학교에서 「고대그리스사상과 고대중국사상의 비교연구」라는 논문으로 박사학위를 받은 Paul, Fendos, Jr라는 분과 7년간 같이 근무하면서 그분의 논문을 전해받고 토론을 벌인 바 있습니다. 이제 그 논문을 통해 알게 된 동양의 조상숭배사상의 뿌리를 설명하겠습니다."

"좋습니다."

"유교는 벼농사 위주의 정착농경문화가 뿌리내린 중국에서 배태했습니다. 벼농사 위주 정착농경문화는 유목문화와는 달리 한 지역에 오래 정착할수록 유리하고 서로 가까이서 어울려 살수록 덕을 보는 사회입니다. 따라서 혈연 중심의 집단주의문화가 발달했습니다. 혈연집단의 결속을 다지려고 생긴 행사가 공통의 조상에게 제를 올려 자손들에게 복을 내려달라고 비는 제례였습니다."

"죽은 조상이 어떻게 자손들에게 복을 내려줄 수가 있지요?"

"고대 중국인은 지상의 기후를 관장하는 하늘의 신을 옥황상제라고 믿었습니다. 그들은 조상이 죽으면서 지상에 두고 온 자손을 못 잊어 혼령이 100년 동안 하늘을 맴돈다고 믿었습니다. 하늘을 맴돌던 혼령이 자손들의 제사를 얻어먹고 그 효심을 갸륵하게 여겨 옥황상제에게 자기 자손들에게 복을 내려주도록 청한다고 믿었습니다."

"그 많은 조상신이 다 옥황상제에게 청을 한다고요?"

"다는 아니고 일부만 옥황상제에게 청을 한대요."

"어떤 일부?"

"천상에서 떠도는 조상신에게 제사로 효성을 표하는 자손의 조상신 말입니다. 옥황상제는 자손을 보살피는 조상신의 자손 사랑과 조상을 받드는 자손의 효성을 갸륵하게 여겨 복을 내린다고 믿었어요. 그래서 자손을 두지 못한 사람들은 양자를 두어서라도 사후에 제사를 받을 준비를 했습니다. 유교에서 4대 봉제사라는 전통이 생긴 것은 죽은 조상이 100년 동안 천상을 떠돌 때 제사를 모셔야 자손이 복을 받는다는 믿음에서 나온 것이지요."

"유교에서 말하는 조상신은 기독교의 유일신과는 전혀 다른 개념의 신이네요."

"그렇습니다. 서양에서 말하는 'God'이나 'god'과는 다른 '혼령(ghost)'을 뜻해요."

"그래서 유교문화권에서는 기독교문화권의 범애사상보다는 혈연애사상이 지배하게 되었군요."

"맞습니다. 유교문화의 특징은 '팔이 안으로 굽는 문화'라고 해요. 중국에서 유교의 혈연집단문화를 못마땅하게 여긴 대표적인 학자가 묵자였어요. 묵자는 유교의 혈연에 치우친 사랑을 별애(別愛), 즉 차별적 사랑이라 칭하며 그것이 사회를 분열시키고 관료부패를 조장하는 근원이 된다고 경고했어요. 유교 국가들에서 권력과 부를 자식에게 승계하는 관습 때문에 정치민주화와 경제민주화가 더디게 이루어져 서양에 뒤지게 되었다고 봐요."

"묵자가 주장한 사랑은 기독교의 범애사상과 같은 것인지요?"

"묵자의 겸애사상은 가난하고 불쌍한 사람들에 대한 사랑을 특히 강조한 점에서 기독교의 자애와 상통한다고 봐요."

6 서양인류학자가 발견한 한민족의 우량 유전인자

영국왕립학술원 회원이자 영국왕실의 친척이었던 이사벨라 버드 비숍 여사가 1894년에 한국에 들어와 남한강을 거슬러 올라간 후, 육로로 금강산관광을 마치고 원산에서 해로로 인천항으로 다시 입항했다. 그녀가 한반도 일부를 여행하면서 받은 첫인상은 실망 그 자체였다. 얼마나 실망했으면 한반도에 오기 전에 탐방한 세계의 모든 종족과 비교해서 한민족이 가장 미개한 종족이 아닐까 생각되었다고 고백했을까. 그런 그녀가 막 발발한 청일전쟁의 현장인 중국대륙을 거쳐 러시아령 만주로 들어갔다. 그녀가 러시아령 만주를 방문한 목적은 "직접 관찰을 통해 러시아의 지배를 받는 한국인들이 어떤 환경에 처해 있는가를 조사하기 위해서"(『한국과 그 이웃나라들』 262쪽)라고 분명히 밝히고 있다. 거기로 떠나기 전에 서울에서 그녀가 입수한 정보는 약 2만 명의 한인이 러시아령 만주에 살고 있다는 통계자료밖에 없었다.

비숍여사가 러시아령에서 제일 먼저 방문한 곳은 노보키예프라는 군사도시였다. 비숍여사가 이 지역에 집단 거주하는 한인들의 모습을 살피러 갔는데 그곳 한인들은 가축을 길러 러시아군대에 육류를 공급함으로써 윤택하게 살고 있었다. 그녀가 한국에서 보아온 체념에 빠진 한인들과는 전혀 다른 모습의 한인들을 그곳에서 발견하고 이들은 좀 예외적인 한국인일지 모른다고 생각하면서 거기서 좀 떨어진 하바로스크에 집단거주하는 한인들을 찾아갔다. 그런데 그곳 한국인들도 눈을 반들거리며 중국인들과의 경쟁에서 완승을 거두어 농산물 유통업의 주도권을 쥐고 있었다. 한국 본토에서 보았던 눈빛 흐린 한국인들과는 전혀 다른 한국인들의 모습을 외국 땅에서 계속 보고 점점 호기심이 발동한 비숍 여사는 다시 러시아령 포시만에 있는 한인 집단거주지역으로 갔다. 그런데 거기서도 찌그러진 가옥에서 체념 상태에 빠져 사는 중국인들과는 대조적으로 한국인들은 고국에서 보아온 영농방식을 본떠 관개시설을 만들고 윤작과 분뇨퇴비로 농산물증산대책을 세워 물질적 풍요를 누리고 있었다. 비숍여사가 현지에서 조사한 러시아령 한인총인구는 16,000 내지 18,000이었는데 이들이 1863년에 처음 러시아령에 정착한 지 30여 년 만에 타민족과는 비교도 안 될 정도로 윤택한 삶의 터전을 이룬 것을 보고 비숍여사는 감탄에 감탄을 거듭했다.

인류학자로서 비숍여사의 탐구심이 워낙 강렬했기에 전시 중인데도 여자 몸으로 직접 현지탐방을 통해 확인에 확인을 거듭했다. 그녀는 한인들이 맨손으로 이국땅에 와서 이렇게 잘 사는데 국내에 있는 한인들은 왜 그처럼 나태하고 비굴하고 노예근성에 사로잡혀 있을까에 대한 결론적인 답을 얻고자 했다. 그녀는 그 원인을 한국의 정치체제와 사회제도상의 문제에서 찾아야 할 것 같다는 가정을 하게 되었다. 비숍여사는 혼자 세운 그 가정을 증명하기 위해 또 다시 한국방문길에 오르게 되었다. 1895년 1월 5일 제물포항을 거쳐 서울에 도착한 비숍 여사는 고종황제와 명성왕후를 네 차례나 알현하여 나라 사정에 대한 얘기를 들었다. 고종은 예의 바르게 그녀를 대했는데 복잡하게 돌아가는 국제정세에서 살아남기 위해 바깥 세계로부터 유익한 정보를 얻을 욕심으로 비숍여사에게 이것저것 많이 물었다. 그와 네 차례나 만나 얘기를 나누면서 느낀 바로는 고종은 비상한 기억력의 소유자이며 역사에 대해 해박한 지식을 갖춘 지성적인 위정자라는 인상을 풍겼다. 그러나 국가 위기에 대처할만한 용단성과 카리스마가 부족하다는 것이 문제라는 생각이 들었다. 국왕이 그렇게 심약하니 아버지 대원군과 왕비 명성왕후가 국사에 끼어들어 나라를 어지럽히고 있다는 판단이 들었다. 왕실 내의 이런 세력다툼을 이용하여 일본, 러시아, 중국이 한반도에 번갈아 군대를 파견하여 으르렁댄 결과로 청일전쟁이 발발했다는 것도 알게 되었다(앞 책 292-304쪽).

1894년부터 1년간 한국을 4차례 방문하여 한국인의 우수자질을 세계에 알린 영국인 지리학자 이사벨라 버드 비숍 여사

비숍여사가 한반도 전역을 돌며 살펴본 결과 모든 관료에게 만연되어 있는 부패상은 어디서부터 손을 대야 할지 모를 지경이었다. 일본이 한반도에 진주하여 개혁 작업을 수행하려고 파악한 바에 의하면 한반도에

는 단지 두 계급만 존재하는데 그건 수탈자와 피수탈자라는 것이다. 수탈자에는 광범위한 관료층과 소위 양반이라는 지식층이 이에 속하고 생산에 종사하는 일반백성은 이들에게 갖은 방법으로 수탈을 당하면서도 저항할 수 없으니 중세 유럽의 농노나 다름없다 싶었다. 백성들이 열심히 노력해봤자 다 뺏기고 말 것이니 관료와 양반의 눈치를 살피면서 적당히 게으름피우는 것이 상책이라는 체념적인 삶이 몸에 배었다고 느껴졌다. 비숍여사가 처음 한국에 와서 접해본 한국 민초들의 게으르고 비굴하고 체념적인 삶의 모습은 한민족의 타고난 재능이 부족해서가 아니고 후천적인 환경의 문제라는 것을 비숍여사가 속속들이 파악했다(앞 책 305-313).

비숍여사는 1994년 겨울에서 1997년 봄 사이에 네 차례나 한국을 방문한 후에 영국으로 돌아가 『한국과 그 이웃나라들』이란 제목으로 책을 썼는데 그 책의 서문에서 한국인에 대한 종합적인 평가를 다음과 같이 해두었다.

> 한국인은 확실히 잘 생긴 종족이다. 체격도 좋은 편이다. 여자는 세계에서 가장 보기 흉한 옷 때문에 그 결점이 과장되어 땅딸막하고 펑퍼짐하게 보이긴 하지만…… 한국인은 대단히 명민하고 영리한 민족이다. 한국에서 교육을 담당해본 외국인은 하나같이 한국인에게는 일본인이나 중국인보다 월등한 언어인지능력이 있다는 사실을 인정한다(앞 책, 19-20쪽).

비숍여사가 한국을 네 차례나 방문하여 파악한 모습을 이만큼 긍정적으로 표현한 일은 우리 민족에게 정말 다행스럽다. 그 책이 발간된 지금 100년 만에 영국 엘리자베스 2세 여왕이 영국왕립도서관에 소장된 그 책을 갖고 한국에 직접 와서 노태우 대통령에게 전달한 일 또한 감격스럽다. 19세기 말에 국제사회에서 "못난 오리새끼" 취급을 받던 한민족이 88올림픽 개최를 계기로 "잘난 백조"로 탈바꿈하는 기쁨을 두 나라가 함께 나누자는 뜻이 담겨있었기 때문이다.

7 한민족의 생존전략, 거북에게서 배우다

필자는 일제말기에 태어나 어려운 성장과정을 겪으면서 끼니마다 주어지는 조밥을 먹기 싫다고 밥 트집을 하다가 부모님에게 혼난 적이 한두 번이 아니었다. 애써 농사지어 수확한 곡식을 일제의 군량미로 공출대기 때문에 우리는 조밥을 먹어야 한다는 부모님의 설명을 듣고도 왜 우리나라가 일본에게 곡식을 빼앗길 만큼 약하냐며 투덜대었다. 심지어 다 자라서 사범대학을 졸업하고 의무발령을 받아 중등학교 영어교사가 되었을 때에도 "Hermit Kingdom, Korea(은둔의 왕국, 조선)"라는 제목이 붙은 영어교과서의 단원의 수업을 하면서 "우리조상들은 일본처럼 세계를 향해 과감하게 문호를 개방하지 못하고 왜 못난이들처럼 국경을 닫고 웅크리고 있다가 강대국에게 먹히고 말았을까?"라며 항변을 늘어놓았다. 철부지시절에 나타난 필자의 이런 반항심은 민족열등감에서 비롯된 오기의 발로였다고 생각된다.

그런 필자가 우리 민족의 불행한 운명을 객관적으로 판단할 수 있게 된 계기는 40대 중반에 이르러 하와이 대학의 East-West Center에서 접한 펄 벅 여사의 『살아있는 갈대』 *The Living Reed*를 읽고서였다. 그 소설의 제목인 '살아 있는 갈대'는 연약한 존재 즉 한민족을 상징한다. 그 연약한 갈대가 주변강대국에 의해 무수히 잘리지만 멸종되지 않고 땅속에서 새 순이 돋아나 강인한 생명력을 과시한다는 것이 그 소설의 메시지이다. 필자는 페레스트로이카로 공산진영이 무너진 직후인 1993년도에 개방직후 중국 민중의 헐벗은 모습을 15일 간 살피고 온 적이 있다. 그때 북경 자금성에 있는 황제의 집무실 태화전 앞에 앉아서 중국황제의 입장에서 한반도의 위상을 생각해보았다. '역지사지'의 관점에서 본 내 조국 조선은 거대한 중국대륙의 55개 소수민족 중의 하나일 뿐이었다. 큰 대륙 한쪽 귀퉁이에 꼭지처럼 붙은 그 작은 나라가 거대중국에 흡수통일 되지 않고 어떻게 독립국가로 존속했을까 생각하니 우리 조상님들이 참으로 위대했다는 생각이 들었다. 펄 벅 여사가 조선이 존폐기로에 놓여있던 구한말에서부터 일제의 수난을 겪으며 끈질긴 생명력을 과시한 조선인들을 객관적으로 그린 것은 다분히 한민족에 대한 연민의 정에서라 생각된다.

펄 벅 여사는 위기에 처한 조선에서 위정자들이 강대국을 상대로 어떤 전략을 써야 살아남을 수 있을까에 대해 심각하게 고민하고 있는 모습을 다음과 같이 묘사하고 있다(66-67쪽).

경기도 부천시 소사에 있는 펄. S. 벅 여사(1892-1973)의 동상. 동양적 가치를 세계에 알리는 소설로 노벨문학상을 수상한 여사는 한국을 연민의 정으로 그린 소설 『살아있는 갈대』를 남겼다. 여사는 한국전쟁에서 생긴 수많은 혼혈고아들을 서양에 입양시키거나 직접 양육하기 위한 시설을 운영한 인도주의자였다.

김일한(고종왕의 측근 신하)은 "우리가 두려워해야 할 두 나라는 러시아와 일본입니다. 그 두 나라의 통치자는 탐욕이 넘치는데 그 나라 국민들은 통치자들의 속셈을 모르고 있습니다. 일본은 작기 때문에 야심이 더 큽니다. 몸집이 작은 사람들은 자기 자신에 대한 불만 때문에 야심을 품을 경우 더 무섭습니다. 일본은 대두소체(大頭小體)형입니다. 우리는 몸이 크고 욕심이 없는 우방을 찾음으로써 적대국에 대항할 방안을 모색해야 합니다.

당시 왕실의 친척이자 귀족인 김일한의 입을 통해 드러낸 조선의 생존전략은 소위 "장육지계(藏六之計)"라는 말로 표현할 수 있다. 장육지계는 거북이가 위기에 처할 때 머리, 꼬리, 네 발 등 여섯 개 신체 부위를 감추고 죽은 체 함으로써 위기를 넘기는 생존전략이다. 조선인의 은둔기질은 주변을 둘러싸고 있는 거대한 적대국 사이에서 살아남기 위한 눈물겨운 노력이었다고 펄 벅 여사는 변명해주고 있다. 한 개인의 성격이 환경의 지배를 받아 형성되듯, 민족의 특성도 지정학적 요인에 의해 결정된다. 한민족이 독립국가로 명맥을 이어온 비결은 은둔기질로 주변국들의 공격을 피하는 슬기와, 공격을 당했을 때에 강인한 생명력으로 다시 살아나는 끈기였다. 펄 벅 여사는 한민족의 그런 운명을 연민의 정으로 소설에 기록하여 세계에 알렸다는 점에서 한민족이 잊지 못할 은인이다. 펄 벅 여사가 파악한 우리 민족성은 "동해물이 마르고 백두산이 닳아 없어지도록 하느님의 보호아래 영원무궁토록 존속하고 싶다."는 말로 표현된 우리 애국가 가사에 잘 나타나 있다. 그뿐만 아니라 개별 꽃송이는 며칠 만에 지지만 나무 전체로서는 릴레이식으로 봄부터 가을까지 계속 피는 무궁화를 나라꽃으로 삼은 데서 잘 나타나 있다. 이와는 반대로 일본 민족의 특성은 "자갈돌이 커져서 바위가 될 때까지 우리 천황만세"로 시작되는 일본국가(國歌) '기미가요'의 가사에 잘 나타나 있다. 또 일제히 피었다가 며칠 만에 다 져버리는 벚꽃을 일본의 국화로 삼은 것에서도 그 민족의 특성을 잘 드러내고 있다.

요즘 왕성한 창작활동을 하고 있는 중견 소설가 조두진은『북성로의 밤』이라는 장편소설에서 일본이 태평양전쟁을 일으켜 놓고 군사력이 딸리자 한국에서 용병을 모집하기 위해 대구 북성로에 있는 일본인 백화점 미나까이에 장정들을 모아 술을 먹여놓고 다음과 같은 가사의 <태평양 행진가>를 부르게 하는 장면을 잘 묘사해두고 있다.

> 피었다면 지는 것은 각오한 것 / 멋지게 지자 나라를 위해 / 너와 나는 동기인 벚꽃 / 같은 병 학교 뜰에 피는 / 피를 나눈 사이가 아닌가 / 꽃이

만발한 도쿄의 야스쿠니 신사 / 봄의 가지 끝에 피어서 만나자.

벚꽃 기질의 일본인과 무궁화 기질의 조선인이 온갖 갈등을 겪으며 살아온 일제시대가 너무나 실감나게 그려져 있어 필자는 354쪽의 장편 소설을 단숨에 다 읽었다.

필자는 태평양전쟁이 한창일 때 네댓 살의 어린이였는데, 그때 어른들은 들에 일 나가고 혼자 집을 지키는 때가 많았다. 그럴 때 마당에서 병아리를 데리고 먹이를 쪼아 먹던 암탉이 "꼬꼬댁" 소리를 내면 병아리들은 재빨리 짚단이나 멍석 속으로 달려가 숨는 것을 볼 수 있었다. 그 순간에 하늘을 쳐다보면 영락없이 까마귀나 독수리가 우리 집 주변을 돌고 있었다. 그러다가 비행기소리가 요란하게 나면 마을어른들이 "히꼬끼! 구주대쇼!"라고 외쳤는데 나는 그 경보에 따라 방공호 속으로 뛰어 들어가 그 속에서 숨을 죽이고 엎드려 있었다. 동물이 천적을 보고 일으키는 이런 방어기제를 칼 융(Karl Jung)은 "집단무의식"이라는 심리학 용어로 설명했다.

8 냉철한 서양종군기자의 눈에 비친 100년 전 한·중·일 삼국

이사벨라 버드 비숍 여사의 한국여행기 『한국과 그 이웃나라들』이 20세기 초에 유럽의 베스트셀러였다면, 미국인 작가 Jack London잭 런던(1876-1916)이 청일전쟁 당시 종군기자로서 아시아 3국(중국, 한국, 일본)에 관해서 쓴 기록 『*The Call of the Wild* 야성의 함성』는 20세기 초에 미국의 베스트셀러였다. 인도주의자의 따뜻한 눈길로 아시아를 바라본 비숍 여사나 펄 벅 여사와는 달리 잭 런던은 냉혹한 전쟁터에서 종군기자의 냉철한 눈길로 아시아를 관찰해 그렸다. 『세상 사람의 조선 여행』(20012년, 규장각한국학연구원 출판)에 옮겨 실린 잭 런던의 한국에 관한 기록 세 토막을 옮겨 적는다.

> 한국인들은 아주 게을렀다. 한국어에는 속도를 내라고 재촉하는 단어가 무려 20개가 넘는다. '얼른' '속히' '빨리' '냉큼' '어서' '급히' 같이 재촉하는 뜻의 단어가 많은 이유는 수동적이고 게으른 한국인들에게 무슨 일을 시키려면 이런 말을 계속 입에 달고 있어야 하기 때문이다.

한국인들의 또 다른 특성은 못 말리는 호기심이다. 그들은 기웃거리는 것을 몹시 좋아한다. 한국어로 '구경'이라는 말로 표현되는 이 행동이야 말로 그들에게는 최고의 즐거움처럼 여겨졌다……. 그들에게 프라이버시 따위는 안중에도 없었다.

서양인이 한국에 처음 발을 들여놓으면 처음 몇 주간은 기분 좋은 일과는 거리가 먼 감정에 빠져들 것이다. 그가 예민한 사람이라면 두 가지의 강력한 욕구 사이에서 고심하며 대부분의 시간을 보내야 할 것이다. 하나는 한국인들을 죽이고 싶은 충동이고, 또 하나는 자살욕구이다. 나로서는 첫 번째 욕구가 더 강력하게 일어났다.

위의 세 토막글에서 잭 런던이 한국인에 대한 감정이 얼마나 부정적이었는지 충분히 느낄 수 있다. 잭 런던은 1904년 2월 7일부터 그해 5월 1일까지 약 3개월간 한국에 머물다가 떠났기에 그의 관찰은 피상적일 수밖에 없었다. 비숍 여사가 한국에 처음 들어와 여행하는 도중에 한국 민초들의 수동적이고 체념적인 모습에 크게 실망했다. 그러나 그녀는 한국인에 대한 연민의 정으로 계속 관찰한 끝에 한국기층민들의 그런 부정적 특징은 타고난 기질에서 비롯된 것이 아니고 지배층의 수탈 때문에 생긴 것임을 알게 되었다. 또 한국인들이 서양여행자에게 보이는 무한 호기심은 정문화인 한국사회에서 낯선 사람들과의 벽을 허물고자 하는 마음에서라는 것을 알게 되었기에 끝내는 한국인에 대한 긍정적인 평가를 하기에 이르렀다. 그러나 잭 런던은 한국을 단기간 관찰한 모습을 참모습인 양 그려 외국에 알렸으니 한국인에게는 억울한 평가라고 할 수밖에 없다.

중국이 막 개방된 1993년에 중국문화탐방교수팀 6인이 15일 간 중국 내 주요거점 도시를 순방하였다. 사진은 중국내륙에 있는 무한의 화중대학에서 그 대학의 교수들과 개방 후의 중국향방에 대해 얘기를 나눌 준비를 갖추고 있는 장면이다.

잭 런던의 중국인들에 대한 평가는 한국인들에 대한 평가에 비하면 호의적인 편이었다. 그가 『잠자는 호랑이 중국』이라는 글에서 중국을 중심에 두고 한국인과 대조하여 그린 아래 글을 보자.

> 한국인이 비능률성의 전형이라면 중국인은 근면성의 전형이다. 일이야말로 중국인이 사는 이유라고 할 수 있다……. 만주에서 한 요새를 점령할 때 선봉대에게 성벽에 사다리를 갖다 대게 한 일을 맡겼는데 용감하게 그 일을 해냈다. 그들이 그렇게 용감하게 행동한 것은 애국심 때문이 아니라 그 대가로 충분한 일당을 받을 수 있기 때문이었다……. 중국인들은 외국군대가 자기 마을을 점령하면 도망가지 않고 남아서 닭과 계란 등 재산을 끝까지 지켰다. 그 다음에는 그것을 점령군에게 팔아 이익을 남기는 일에 주저하지 않았다.

잭 런던은 중국이 일시 침체되어 있지만 그들의 무서운 저력이 발휘되는 날에는 주변국들에게뿐만 아니라 세계에 위협적인 존재가 될 것임을 감지하고 있었다. 비숍 여사도 중국인의 무서운 생활력에 대해 비슷하게 증언한 것이 있다. 그녀가 한국을 다녀간 후에 중국을 여행하면서 관찰한 중국 모습을『양자강을 가로 질러 중국을 보다』에 이렇게 그리고 있다.

> 양자강을 오르내리는 여객용 정크 선이 삼협의 급류를 거슬러 올라갈 때, 배가 강기슭 바위에 부딪치지 않도록 수십 명의 견부(밧줄로 배를 끄는 인부)들이 실오라기 하나 걸치지 않은 맨몸으로 밧줄을 어깨에 메고 강물에 뛰어들어 반대편 강기슭 바위위로 기어오르는 작업을 반복해야 했다. 그런데 이 위험한 작업을 하다가 바위에서 굴러 떨어지거나 급류에 휩쓸려 죽는 일이 다반사였는데도 희생자에게 눈길 한번 주지 않고 아무 일도 없었던 듯이 항해를 계속했다. 그런데도 이런 위험한 작업을 하겠다고 지원하는 인부들 중에는 아기를 업은 부녀자도 있었다. 중국인들은 돈벌이를 위해서는 목숨도 아끼지 않을 만큼 생활력이 강하다(196-197쪽).

비숍 여사는 19세기 당시 중국의 4억 인구가 서양의 산업기술과 과학을 받아들이게 된다면 서양에게는 강력한 경쟁상대가 될 것임을 예언하면서 "황화론 yellow peril"(黃禍論: 황인종이 백인종에게 위협적인 존재가 된다는 설)의 견지에서 중국을 평가했다. 잭 런던이 청일전쟁 당시의 중국을 가리켜 "잠자는 호랑이"라고 이름을 붙인 장본인인데 그의 중국에 대한 그런 평가는 그로부터 80년 후에 진가를 인정받게 되었다. 필자는 1993년에 막 개방된 중국인의 모습이 6·25전쟁 직후에 한국 민중의 헐벗고 굶주린 모습 그대로임을 보고 놀랐다. 동양의 종주국이 어쩌다가 이 꼴이 되었느냐에 대해 6인의 중국문화탕방교수들이 난상토론 끝에 박정희 대통령의 영도 하에 이루어낸 산업혁명덕택이라는 데 인식을 같이 하게 되었다. 잭 런던이 한국인들의 만성적 결함으로 단정한 체념적인 생활태도는 박대통령이 이끈 산업혁명의 결과로 깨끗이 치유되었다. 돈벌이를 위해서는 생명도 아끼지 않던 중국인들의 강한 생활력이 사라져버린 것은 공산당간부들의 눈치만 살피며 적당히 게으름피우며 사는 중국국민으로 전락시켜버린 때문임을 알게 되었다.

필자는 박대통령의 시해소식을 듣던 날 해방감을 함께 나누기 위해 뜻이 맞는 친구들과 술집에 가서 축배를 든 기억이 있다. 그때 필자의 나이는 소위 '불혹'이라는 40대로 접어드는 때였다. 그로부터 10년이 더 지난 1990년대에 중국이 우리나라보다 몇 십 년이나 뒤처진 것을 직접 보고 나서 생각을 바꾸게 되었으니 철든 것이 참 늦었다. "청년기에 사회주의에 관심을 기울이지 않는 인간은 얼이 아예 없는 인간이고, 중년이 후까지 사회주의에 빠져 사는 인간은 얼이 빠진 인간이다."라는 말의 뜻을 되새겨 볼만하다.

9 동양의 별종 일본 민족의 변신

얼마 전까지만 해도 서양에서 한국을 잘 알아주지 않는 사람을 만나면, 한국인들은 곧잘 일본인 행세를 하곤 했다. 그렇게 하면 서양인은 반색을 하며 호감을 드러내기가 일쑤였다. 동양에서는 미움을 받는 일본인이 서양인에게는 호감을 받기 때문이다. 그런데 내가 존경하는 Lipman박사가 하루는 자기가 일본인의 정체를 좀 더 자세히 알고 싶다고 하면서 일본에 대해 토론을 하자고 나에게 제안해왔다. 나는 얼씨구나 이 기회에 일본에 대한 서양인의 객관적인 평가를 들어 볼 수 있겠다는 기대감으로 그와 마주 앉았다.

Lipman박사는 다음과 같은 첫 질문을 던짐으로써 토론을 시작했다.
"이 박사, 일본과 한국 간에는 역사논쟁이 없어요?"

"왜 없겠어요. 서로 평행선을 달리는 역사논쟁이 늘 있었지요."

"그렇겠지요. 이웃나라끼리는 역사논쟁이 있기 마련이니까요. 그런데 역사의 어느 시대까지 합의가 이루어져있죠?"

"고대역사에서는 대체로 합의가 이루어져 있어요. 동양의 중원문화인 중국에서 멀리 떨어진 일본이 대륙문화를 받아들이는 데 교량역을 한 한국의 도움을 인정하지 않을 수 없었으니까요."

"일본이 문화수입원을 동양에서 서양으로 전환시키면서부터 일본과 한국은 거리감을 더 많이 갖게 된 모양이지요?"

"그렇습니다."

"그렇다면, 일본이 동양문화에서 이탈하여 서양문화로 수입원을 바꾼 결정적인 계기가 있었을 것 같은데요?"

"예, 있었습니다. 13세기에 세계제패를 꿈꾸던 몽골제국이 중국대륙을 정복하여 원 제국을 세웠을 때, 한국과 손을 잡고 일본을 정벌하려다가 실패한 역사적 사건이 있었어요."

"아! 그게 일본에게 승기를 잡게 했군요. 그럼, 그 사건에 대해 좀 자세히 설명해주시겠어요?"

"예, 그러지요. 칭기즈칸이 세계제국을 건설할 야심을 갖고 유럽을 정복하려다가 뜻밖에도 일찍 죽게 됨으로써 서양침공은 주춤해졌어요. 그의 여러 자손 중에 손자 쿠빌라이가 중국 대륙을 손아귀에 넣고 원나라를 세웠어요. 그러나 끝까지 원나라에 복속되지 않은 나라가 둘 있었는데, 하나는 고려이고 다른 하나는 섬나라 일본이었어요. 쿠빌라이는 다섯 차례의 공격 끝에 마침내 고려를 복속시키자 이번에는 고려를 앞세워 일본정벌에 나섰어요. 1274년 10월에 고려군사 1만5천명과 원나라군사 2만5천명이 연합군을 형성하여 일본 근해의 대마도까지 쳐들어갔어요. 그러나 때마침 불어 닥친 계절풍 때문에 일본 본토 정복은 좌절되고 상당한 피해만 입고 돌아왔어요."

"악천후 때문에 실패했군요. 그래서요?"

"그 후에는 더욱 준비를 단단히 해서 7년 후인 1281년에 2차 출정을 했어요. 이번에는 전보다 몇 배나 많은 15만 대군을 동원하여 일본 본토에까지 도착했어요. 그런데 또 실패했어요."

"또 태풍을 만났어요?"

"그래요. 그러나 이번에는 처음부터 태풍을 만난 것이 아니었어요."

"그럼 어떻게 되었어요?"

"영어권나라의 교과서에는 원과 고려의 연합군이 일본 본토에 상륙하여 일본무사들과 맞붙어 제대로 싸워보지도 못하고 대패하여 물러나 연안 해역을 돌아다니다가 또 계절풍을 만나 전보다 더 큰 병력과 선박의 피해를 입고 물러갔다고 기술되어 있었어요."

"세계를 거의 다 제패한 무적의 몽골군이 왜 일본군에게 힘을 못 썼을까요?"

"몽골군은 말 타고 달리면서 활을 쏘는 기동력 싸움의 명수이기에 세계제패를 노렸습니다. 그런데 일본 정벌 때는 말을 배에 태우고 갈수가 없었습니다. 그런데 칼싸움의 명수들인 일본무사들이 단단히 벼르고 기다리다가 배에서 내리는 적병을 무찔렀으니 추풍낙엽처럼 나가떨어졌지요. 그래서 여몽연합군은 육지전투는 별로 못 해보고 배로 쫓겨 와서 해안을 맴돌다가 태풍을 만나 치명적인 손실을 입고 패배했지요."

"원나라가 대단히 자존심이 상했을 것 같은데요?"

"그럼요. 이 무렵 원나라를 다녀온 마르코폴로가 『동방견문록』에서 여몽연합군의 패배원인이 계절풍 때문이라고 기록했는데, 그건 원나라 왕실의 말만 믿고 유럽에 그대로 전했어요. 그 역사적인 사건을 계기로 수천 개의 섬으로 이루어진 일본 주민이 일체감을 갖게 되어 통일국가로 탄생할 기틀을 마련했으니 일본으로서는 행운의 기회를 잡은 셈이었어요."

"가미가제라는 말이 그때 생겼어요?"

"예, 그렇습니다."

"그것을 좀 더 자세히 설명해주세요."

"일본말로 '가미'는 신(神)이라는 뜻이고 '가제'는 풍(風), 즉 바람이라는 뜻입니다. 일본의 위정자들은 고려와 원나라 연합군이 침공해 왔을 때 일본수호신이 때맞춰 바람을 불어주어 일본을 지켜주었다는 가미가제종교를 만들어 일본국민에게 주입시켰어요. 2차 대전 때 일본군의 자살특공대를 '가미가제특공대'라고 명명한 것은 일본군사에게 가미가제 정신으로 최면을 걸어 목숨을 내던지게 하기 위해서였지요."

"그러니 일본의 호국종교라 할 수 있겠군요."

"그렇습니다. 일본인이 신도(神道)라고 부르는 일종의 민족종교인 셈이지요."

"일본이 문화수입원을 아시아대륙에서 서양으로 돌리게 된 것이 그렇게 하여 시작되었군요."

"그렇습니다. 자기네들이 물리친 중국과 한국으로부터는 더 이상 배울 것이 없다고 판단한데다 곧이어 서양의 동양진출로 해양의 시대가 열렸기 때문이지요."

10 일본의 발칙한 부국강병책

일본문화에 대한 토론이 진행될수록 Lipman박사는 점점 흥미를 더 느끼는 듯하여 그의 호기심을 충족시켜주기 위한 추가토론시간이 마련되었다. Lipman박사가 필자에게 적어서 넘겨준 일본에 대한 의문점을 설명해주기 위해 주로 참고한 자료는 이 상업의 『일본문화와 그 마음』이란 책이었다. 필자는 그 책에 매료되어 여러 번 읽은바 있어 그의 의문점을 풀어줄 답을 쉽게 찾아낼 수 있었다.

Lipman박사는 첫 질문을 이렇게 했다. "일본이 동양문화권과 결별하고 서구문화를 받아들였다고 했는데 구체적으로 어떤 정책을 도입했지요?"

"유교문화권에서는 상상도 못할 만큼 발칙한 정책을 폈어요. 예를 들면, 대륙을 침략하여 영토를 확장하자니 인구가 너무 적어 감행하기 어렵겠다고 판단되자 기상천외의 인구증가정책을 단행했어요."

"어떤 인구정책이었는데요?"

"일본여성들에게 정조관념을 없애버렸어요."

"어떤 식으로요?"

"일본의 미망인이 야외에서 외간 남자와 쉽게 성관계를 가질 수 있도록 특수복장을 입도록 지시했지요."

"어떤 특수복장을?"

"속옷은 없이 아래위로 붙은 긴 원피스 같은 것을 입고, 등에는 베개 같은 것을 달고 다니게 했어요. 훗날 그 여성복의 모양을 세련되게 만든 것이 '기모노'라는 일본전통여성복장이 되었지요. 그 정책이 먹혀들어 일본에는 인구가 많이 늘었데요. 남편 없는 여성이 외간남자의 씨를 받아 출산했을 경우에 성씨를 붙이는 방법도 기절초풍할 만해요."

"성씨를 어떻게 붙였는데요?"

"씨를 받은 장소, 예를 들면, 무슨 언덕, 무슨 강, 무슨 밭 같은 식으로 표시를 했데요. 그래서 일본성씨에는 들(野), 언덕(岸), 밭(田), 강(江)과 같은 야외정사장소를 나타내는 글자가 많이 들어 있어요."

"정말 발칙한 발상이군요. 그런데 유교문화에서는 여성정조가 생명만큼이나 중시되었다는데 어떻게 일본국민들은 그런 발칙한 정책에 순순히 따랐을까요?"

"그 점이 일본민족의 특성입니다. 위정자의 명령하나에 일사불란하게 움직이는 민족성 말입니다. 물론 사무라이들의 일벌백계주의도 크게 작용했지만요."

"일본에 어떻게 사무라이계급이 등장하게 되었지요?"

"일본이 유교문화에서 탈바꿈하기 시작한 12세기 말에 귀족을 경호하는 무사들이 특권을 부여받았는데 이들이 사무라이라는 특수계급을 형성하게 되었어요."

"그렇다면, 일본의 사무라이는 서양의 기사제도(knightship)를 본 뜬 것이 아니고 일본에서 자생적으로 생긴 제도이군요?"

"예, 그렇습니다."

"서양의 기사제도는 16세기 화약무기의 보급과 함께 사라졌는데 일본의 경우는 얼마나 오래 지속되었는지요?"

"일본은 그보다 더 오래 지속되어 19세기 후반 명치유신 때까지 지속되었어요."

"일본의 봉건제도는 서양에서 도입된 것입니까?"

"아닙니다. 그것도 일본에서 자생한 제도입니다."

"봉건제도가 일본에서 어떻게 자생적으로 생겼어요?"

"일본을 무력으로 통일한 도쿠가와 이이에스가 일본의 특수한 지형조건을 감안하여 지방분권제도를 도입한 것이 일본의 봉건제도가 생긴 계기가 되었어요."

"일본의 특수한 지형조건이란 어떤 것을 의미하지요?"

"일본은 큰 섬 네 개와 수천 개의 작은 섬으로 이루어져 있어요. 큰 섬들은 거대산맥이 가로놓여 중앙집권적 통치가 어렵게 되어 있어요. 그래서 일본전역을 수십 개의 행정구역으로 나누어 지방제후에게 자치권을 주었어요. 그 행정단위를 '번(藩)'이라고 했어요. 미국으로 말하면 주(state)와 비슷한 성격이었지요. 그런데 그 일본식 봉건제도가 일본을 부강한 나라로 만든 반석이 되었어요."

"어떻게요?"

"16세기부터 서양 상선과 탐험선이 전 세계를 헤집고 다녔지요. 그때 일본은 가만히 앉아서 서양문물을 받아들일 수 있었어요. 아시아대륙의 전면에 통발처럼 길게 뻗은 일본열도가 때를 만났지요. 서양인들로서는 일본을 동양교역의 전초기지로 안성맞춤이라 여겼으니 서로 도움이 되었어요. 이때 일본지방정부들은 경쟁적으로 서양문물을 받아들여 부를 쌓았어요. 이게 일본이 서양에 우호적인 대접을 받게 된 이유이지요."

"일본식 봉건제도는 언제까지 유지되었어요?"

"1868년 명치유신 전까지 유지되었어요. 그러다가 사무라이 반란군들이 총으로 막부체제를 무너뜨리고 천왕 중심의 중앙집권체제로 전환시켰어요. 밀려오는 서구열강들에게 대항하기 위해 천왕에게 절대통치권을 부여해야 한다고 판단한 때문이었어요. 그게 일본을 군국주의로 몰고 간 계기가 되기도 했어요."

"그건 그렇고, 일본문화에서 특이한 남녀혼탕관습이 있었지요?"

"예, 있었어요. 그 특이한 관습을 이해하려면 일본 특유의 기후조건을 알아야 합니다. 일본에서 인구가 많은 남부지역은 아열대성기후입니다. 여름에는 고온다습하여 견디기가 어렵습니다. 게다가 일본인은 불결을 죄악시하는 민족종교 신도의 영향으로 목욕을 자주 합니다. 특히 여름철에는 수시로 물을 뒤집어쓰는 버릇이 있어요. 잦은 목욕을 위해서 수시로 목욕탕에 가기보다 집이나 일터에서 손쉽게 할 수 있게 했어요. 이런 풍토에서 남녀혼탕관습이 생겼다고 합니다. 그러나 그게 유교전통을 고수하는 아시아인들에게는 물론 서양인들로부터도 변태행동이라는 빈축을 사게 됨으로써 거의 없어졌어요."

Lipman박사는 이 말에 대한 응답으로 어깨를 으쓱하는 동작을 취했다.

11 일본인의 카멜레온 기질과 벌떼 근성

청일전쟁 때 종군기자로 아시아에 파견된 잭 런던이 당시 조선인을 보면 살인충동이 일어난다고 할 만큼 혹평을 한 것과는 대조적으로 일본인들에게 대해서는 입에 침이 마르도록 찬사를 보내었다. 『세상 사람들의 조선 여행』(232-234쪽)에 일본인의 장점이 다음과 같이 그려져 있다.

> 일본군은 질서, 규율, 효율성, 호전성 등의 측면에서 최고수준에 도달해 있었다. 일본군은 점령지의 여자들을 건드리지도 않고 민간인의 재산을 빼앗지도 않았다. 그래서 중국과 조선의 민간인들은 적군인 일본군을 전혀 두려워하지 않았다. 그들은 도리어 일본군이 물러가버리면 자국 군대가 들어와 자기들을 괴롭힐까 걱정하는 편이었다.

잭 런던은 일본군은 점령지의 치안유지를 책임지고 민간인을 보호하는 역할을 담당하여 신뢰를 얻고 있으므로 일본이 청일전쟁에서 이기는 것은 사필귀정이라고 판단하고 있었다. 서양인들은 일본군대의 이런 행동특성이 서양의 기사도문화를 본받아 생긴 사무라이문화의 덕택이라고 생각했다. 말하자면 군기에 대한 문화코드가 일본과 서양이 일치한다는 뜻이다. 역사적으로 추적해보면, 일본도 중세 이전까지는 아시아의 유교문화를 답습해온 것이 사실이다. 그러나 해양문화시대가 열리고부터 일본은 문화수입원을 동양에서 서양으로 바꾸는 정책(脫亞入歐政策: 아시아를 탈피하고 구라파를 받아들이는 정책)을 채택했기 때문에 근대이후의 일본은 동양보다 서양에 더 가까운 문화특성을 갖게 되었다.

무신론자이자 사회주의자인 잭 런던과는 달리 기독교신자인 이사벨라 버드 비숍 여사는 『한국과 그 이웃나라들』(313쪽)에서 일본의 군국주의적 횡포에 대해 부정적인 견해를 다음과 같이 밝히고 있다.

> 내가 한국을 떠날 즈음의 상황은 이렇게 요약할 수 있을 것이다. 일본은 한국정부의 개혁에 관한 한 철두철미했으며 상당히 많은 악습과 폐해를 없앴다. 한국의 군주는 통치권을 박탈당한 채 일본으로부터 봉급을 받으며 포고문에 서명을 해주는 사람에 지나지 않게 되었다.

비숍 여사는 한국의 이웃나라인 일본이 한국의 주권을 강탈하여 개혁이라는 그럴싸한 말로 핑계를 대며 한국의 민족문화를 말살시키는 만행을 저지르고 있다고 고발하고 있다. 그러면서도 일본이 한국의 구습을 타파하는 정책을 수행하여 한국의 발전을 도와주고 있다고 말하여 식민주의를 옹호함으로써 이중적인 태도를 취하고 있다. 비숍 여사는 그 후 고종이 러시아 공사 관저로 피신하여 지낸 사건, 즉 '아관파천'을 보고 다음과 같이 심정을 토로했다.

어쨌든 조선의 왕이 러시아 공사관에서 편히 지내는 동안에 한국에 덕이 되는 일이 일어나지 않았다는 것을 지적하고 싶다. 왜냐하면 일본이 한국에서 행한 정치는 야만적이고 잔인했지만, 거시적으로는 한국의 진보와 정의에 기여하는 방향으로 이루어졌기 때문이다(앞 책 492쪽).

한국의 지배권을 두고 러시아와 일본이 다투는 상황을 두고 비숍 여사는 일본이 러시아보다 상대적으로 한국에 더 유익한 정책을 펴고 있다고 말한다. 그 당시 선진국들의 식민정책은 후진국을 도와 더 잘 살게 해주는 수혜행위로 자화자찬하는 분위기가 유럽에 만연되어 있었는데 비숍여사도 그런 분위기에 편승하여 판단하는 것 같았다. 비숍 여사가 일본을 호의적으로 평가하는 이유는 일본이 서구의 실용주의와 합리적 사고방식을 잘 배워서 실천하는 모범국가로 보였기 때문이다.

서구인들이 그렇게 호의적으로 평가하던 일본긴족이 그 후 2차 세계대전에서 집단광증을 보이자 이를 종식시키기 위해 서방연합군은 원자폭탄을 사용할 수밖에 없었다. 일본인들의 자살폭격이 어떤 문화적 뿌리에서 생겨났는지 늘 궁금하게 여기던 필자는 80년대 중반에 하와이에서 만난 일본출신 미국인 다나까라는 사람을 통해 그 의문을 다소 풀게 되었다. 다나까는 하와이의 맥킨리 하이스쿨에서 역사를 가르치는 교사였는데 필자와 하와이대학 부설 East-West Center에서 만나 나눈 대화를 정리해 소개한다.

“2차 세계대전 때 일본 군사들의 자살공격은 무슨 보상을 바라고 한

행위였지요?"

"일본의 신사에 이름이 오르는 것이 보상입니다."

"신사에 이름이 오르는 것이 그렇게 영광스럽습니까?"

"그럼요. 일본인에게는 신사에 이름이 오르는 것은 기독교의 부활과 맞먹는다고 할 만큼의 영광이지요. 일본민족으로부터 영원한 경배를 받으니까요."

"신사에 이름이 오른 사람의 수가 엄청 많을 것 같은데요."

"예, 많아요. 약 800만이나 됩니다."

"와우! 어떻게 그리 많은 신이 존재할 수가 있어요?"

"일본인이 경배하는 대부분의 신은 한때 인간이었어요. 생전에 행한 영웅적인 행위로 신의 위치에 올려졌지요. 자살폭격을 감행한 일본용사들의 행동동기를 이해하려면 사무라이의 사생관(死生觀)을 알아야 해요."

"사무라이의 사생관이 무엇인데요?"

"사무라이의 가장 치욕적인 죽음은 자기 집 방의 다다미 위에서 편안하게 죽는 것입니다."

이 말을 들은 필자는 이런 생각이 들었다. "일본민족은 벌떼 근성을 갖고 있군. 일벌들이 여왕벌을 수호하기 위해 한번 침을 쏨으로써 죽듯이, 일본인들은 천황을 위해 죽을 각오가 되어있으니까. 체구가 작은 일본 군인들이 아시아와 미국까지 넘보며 광기를 부린 이유가 바로 그 '벌떼 근성' 때문이군. 죽기를 각오한 병사 하나가 죽기를 두려워하는 백명의 병사를 감당해 낼 수 있는 법이니까."

12 중국인의 황당한 자부심과 낙천적 기질의 뿌리

필자가 93년도에 중국에 갔을 때 중국인의 생활상은 비참하기 짝이 없었다. 그런데도 현지 여행가이드가 중국의 문화유적지를 소개하는 말을 들어보면 웬만한 곳은 다 "세계에서 제일 큰" 혹은 "세계에서 제일 오래 된"이라는 수식어를 주저 없이 붙였다. 그걸 보고 중국인의 그 황당한 자부심과 낙천적 기질이 어디에서 비롯되었을까 싶은 궁금증이 커졌다.

그러다가 중국의 고전 사서(四書: 대학, 중용, 논어, 맹자)의 영역판을 읽으면서 중국인의 낙천적 세계관이 어디서 비롯되었는지 차츰 이해가 되었다. 중국 고전의 하나인 『주역』에서 세상은 끊임없이 변하고 있으며 그 변화는 주기를 따라 순환하므로 개인이나 민족이 처할 운명을 예측도 할 수 있다고 가르치고 있다. 중국역사상 최악의 상황에 처하게 된 1890년대를 두고 1년 중 가장 어두운 동짓날 한밤중과 같다고 보고 그때부터는 나날이 밝음으로 진행된다는 생각으로 살아왔으니 그 수난기에도 중국인은 낙천적으로 살 수 있었다. 중국인의 이런 순환적 역사관 때문에 잠자는 호랑이라 불린 중국이 기지개를 펴고 일어나 과거의 영광을 되찾으려고 하는구나 싶었다. 최근에 중국의 공영방송 CCTV에서 『대국굴기』라는 다큐멘터리 프로그램을 방영한 의도도 중국의 운세가 상승주기에 들어섰음을 국민에게 알리는 데 있다고 판단하고 국제사회에서는 황화론을 들먹이기도 한다.

프랑스국제문제연구소의 고문인 도미니크 모이시는 그의 저술 『감정의 지정학』(66-70쪽)에서 20세기 말에 중국인의 대국의식이 되살아나 세계를 제패하려는 야심을 내비치고 있다고 지적했다. 이 야심을 채우기 위해 중국정부는 디아스포라(diaspora: 외국에 퍼져 사는 중국교포집단)의 힘을 최대한 이용하려는 정책을 추진함으로써 상당한 효과를 보고 있다고 평했다. 그러나 중국의 이런 행보에 대해 부정적으로 보는 견해도 피력했다. 그는 같은 책에서 중국 위정자들의 생각과 국민들의 욕구와는 괴리가 워낙 커서 중국이 과거의 영광을 되찾을 수 있을지 의심스럽다고 말했다. 중국의 중산층은 자본주의 도입으로 서양인처럼 물질적 자유를 누리며 살고 싶어 하는데, 위정자는 사회주의를 고수하면서 중국 특유의 국가자본주의를 채택하여 국가는 부를 쌓아가지만 국민은 만성적인 빈곤에서 벗어나지 못한다고 역설했다.

중국 출신이면서 미국에서 영향력 있는 경제학자로 인정받는 랑셴핑은 그의 저술 『부자중국 가난한 중국인』(36쪽)에서 현재 중국은 온갖 수단을 동원하여 경제를 살려 세계 제1의 경제대국으로 발돋움하고 있지만 국민의 삶은 날로 고달프고 희망을 잃어가고 있다고 지적했다. 그 이유는 중국전통문화의 원조인 공자가 주창한 "임금은 임금다워야 하고, 신하는 신하다워야 하고, 아비는 아비다워야 하고, 자식은 자식다워야 한다(君君臣臣父父子子)."는 말로 요약되는 사회계약론의 본질을 위정자가 변질시켜 반대로 실천하기 때문이라고 질타했다. 공자의 원래 주장은 임금이 임금답게 백성을 어진마음으로 다스리면 백성은 저절로 어진 임금을 따르게 된다는 뜻이었는데, 이걸 현대중국위정자는 백성은 위정자와 아예 다른 신분으로 태어났으므로 공산당간부들을 "오르지 못할 나무로 여겨 쳐다보지도 마라."는 의식을 주입시킴으로써 국민에게서 희망을 빼앗아버렸다고 주장했다. 근래에 중국정부 주도로 전 세계에 창설한 공자학당에서는 공자의 인도주의사상을 보급시키기보다 현대중국어를 보급시키는 쪽에 무게를 두고 있다고 평한다. 결국 중국정부 주도하의 공자학당운영은 경제력확대를 통해 세계를 제패하겠다는 야심을 숨기고 실제로는 공자 마케팅 전략을 쓰고 있다고 비판했다.

세계적인 베스트셀러 작가로 알려진 미국의 피터 나바로 교수는 그의 저술 『중국이 세상을 지배하는 그날』(42-43쪽)에서 중국인의 도덕적 타락상을 신랄하게 질타하고 있다. 어떤 대가를 치르더라도 가차 없는 이윤만을 추구하는 문화가 중국에 뿌리내린 원인은 중국공산당 치하에서 유교정신이 붕괴되었기 때문이라고 지적하며 식품과 갖가지 공산품에다 온갖 독성화학물질을 넣는 파렴치행위를 방치하는 중국 관료의 도덕적 타락상을 낱낱이 고발하고 있다. 나바로 교수는 중국이 세상을 지배하는 그날은 인류에게 대재앙이 오게 될 것이므로 그런 날이 오지 않도록 온 세계가 막아야 한다는 취지로 그 책을 쓴 것 같다. 세계인들의 염원이 그런 방향으로 흘러가고 있는데도 중국이 과연 나쁜 심보를 감추고 세계를 지배할 수 있을까?

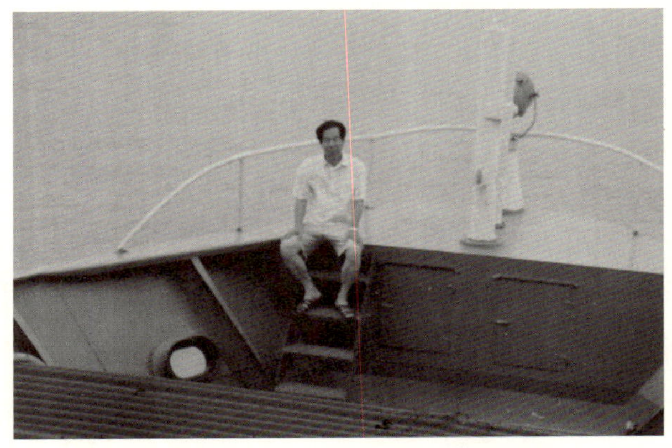

15일 간의 중국여행기간 중 3일간은 중경에서 무한까지 양자강 중류지역을 배를 타고 내려갔다. 필자는 선미갑판에 앉아 질펀한 강물을 내려다보고 있었는데, 그때 사람의 익사체가 물위로 떠올랐다가 잠겼다가 하는 것이 눈에 띄었다. 나도 모르게 손가락으로 그쪽을 가리키면서 "저기 봐!"라고 소리를 질렀다. 선원과 중국승객들이 그걸 보고 순간 움찔 놀라는 듯하더니 이내 시선을 딴 데로 돌려 태연한 척했다. 사람이 지천으로 널린 나라에서 "그게 뭐 대수냐?"라는 듯 배는 유유히 떠내려갔다.

필자가 94년도에 영국에 체류 할 때, 홍콩에서 유학 온 나탈리아라는 중국인 여교사와 친하게 지냈는데, 그녀는 홍콩이 영국과의 조차계약이 곧 끝나게 되면 중국국민으로 소속되어야 한다면서 큰 걱정을 하고 있었다. 그녀는 중국국민이 되면 지옥 같은 공산체제에서 살아야 할 판이라 이민을 적극 고려하고 있다고 말했다. 중국도 페레스트로이카의 영향을 받아 곧 변화하게 될 것이라며 필자가 위로하자 그녀는 중국은 덩치가 워낙 큰 나라라서 일사불란하게 통치할 공산주의체제를 쉽게 포기하지 않을 것이라 했다. 그녀의 말대로 홍콩이 중국에 편입될 무렵까지 중국이 공산체제를 고수하자 홍콩의 알짜부자들은 서둘러 재산을 정리하여 캐나다 밴쿠버로 집단 이주했다.

중국이 문화혁명말기인 1979년에 인구문제 해결책으로 1가구1자녀제도를 강행한 후유증으로 나타난 것이 '소황제증후군'이다. 인구 억제정책의 결과로 나타난 4-2-1가족구성(조부모 넷에 부모 둘 밑에 한 사람의 손자)에서 응석받이로 자란 1인 손자는 중국인 특유의 저축정신은 없이 소비성향만 키워 중국의 신형소비자 층을 형성하게 되었다. 최근에 중국에서 K-Pop이 들불처럼 번져간 이면에는 중국사회에서 신인류로 탄생한 소황제증후군이 한몫을 했다는 말도 일리가 있다.

13 인구에 관련된 인도인의 불가사의 철학

한국의 미래전도사로 자처한 이영탁(세계미래포럼 이사장)은 그의 역작 『미래와 세상』(74쪽)에서 한국정부의 기존 출산장려정책을 재고해 볼 필요가 있다고 지적하면서 종래에 지성에 호소하는 홍보전략 대신에 감성에 호소하는 전략으로 전환하는 것이 더 효과적일 것이라는 주장을 폈다. 그 주장에 공감하면서 필자가 인도인에게서 들은 불가사의 인구철학을 소개하고자 한다.

필자가 2001년도에 뉴질랜드 북섬 소도시 마누카우에 체류할 때, 니르바라는 인도인과 친하게 지냈다. 그는 당시에 60대 후반의 노년에 이르렀는데 마을상가에 잡화상, 인도음식점, 주류 판매점 등 여러 개 점포를 소유하고 대가족을 동원하여 운영하고 있었다. 필자를 만나면 같은 동양인이라고 반기며 말을 걸어오기에 한번은 식구가 많아서 먹여 살리기가 힘들지 않느냐고 슬쩍 물어보았다. 그런데 기대했던 응답과는 전혀 다르게 유쾌한 표정으로 '인구부자론'을 폈다. 한때 자식 많은 한국부모들이 변명삼아 늘어놓던 '식구부자론'을 외국인에게서 들으니 감회가 새로워 자녀가 많은 것이 정말 자랑스러운지를 물어보았다. 그런데 그는 중국인에게서 흔히 들을 수 있는 '인구망국론'과는 반대로 '인구부자론'을 열을 내어 펴나갔다.

니르바 씨는 나에게 '믿거나 말거나'식 얘기를 계속 해나갔는데 황당하게 들리면서도 상당한 진실이 내포되었다는 느낌이 들었다. 그는 출산의 출발점이 되는 남녀의 결합을 두고 '1'과 '0'이라는 두 숫자의 결합으로 풀이했다. 어느 숫자가 남자를 뜻하고 어느 것이 여자를 뜻하느냐고 물었더니 남녀의 다른 성기의 모양을 손으로 만들어 보이며 나에게 상상력이 그렇게도 부족하냐며 원망스런 눈초리로 쳐다보았다. 그의 설명에 따르면 "남자 하나(1)에 또 다른 남자 하나(1)가 보태어지면 (2)가 되지만, 남자 하나 (1)에 여자 하나 (0)이 결합하면 (10)이 되는 기적이 일어난다."는 이론을 폈다. 그는 이어 "여자는 혼자 살면 무(0)로 남아 있어 아무 쓸모없는 존재이지만, 남자와 결혼하면 재산도 불리고 자손도 불리는 신통력을 발휘한다."고 힘주어 말했다. 아라비아 숫자가 실제로는 인도에서 발명되어 아랍상인들에 의해 유럽에 전달됨으로써 서양에 고도의 수학과 과학발전을 가져왔다는 사실은 익히 알고 있었지만 인도의 한 필부에게서 숫자와 관련지은 그런 신비스런 민간철학 강의를 듣게 된 것은 참으로 뜻밖이었다. 그 민간철학을 서양식 논리로 합리성이 있느냐 않느냐는 따질 필요가 없다. 일본의 민간신앙인 신도가 서양식 논리로는 전혀 합리성이 인정되지 않는데도 일본인의 98%가 믿어 그네들의 삶에 지대한 영향을 미치고 있지 않는가?

니르바 씨에게 그런 숫자철학이 정말 합리적 근거에서 나온 것인지 물어보았더니 그는 "철학은 무슨 놈의 철학? 인도에서는 어른들로부터 늘 듣던 소리일 뿐인 걸."이라며 말꼬리를 흐려버렸다. 실은 우리도 부모님들에게서 그런 말을 들은 기억이 있다. 필자가 혼기에 들어설 무렵에 부모님은 어떻게든 결혼을 빨리 시키려고 윽박지르기도 하고 졸라대기도 했다. 그럴 때 우리 젊은이들이 으레 하는 말이 "쥐꼬리수입으로는 혼자 먹고 살기도 힘든 형편에 식구가 늘면 어떻게 먹여 살려요?"라는 식이었다. 그러면 어른들은 "남자가 혼자 살면 늘 빠듯해도 여자가 들어오면 살림이 붇고 식구도 붇는다."라고 말씀하셨다. 그 말을 들은 젊은이들은 "부모님들은 학교를 다니지 않아 빼기와 나누기를 못 배우셨기에 그런 황당한 말씀을 할 수밖에"라며 속으로 중얼거렸다. 그런데 결혼해서 살아본 사람들은 황당하게 들렸던 부모님의 그 말씀이 진리라는 것을 인정하게 되었다. 여자가 식구로 들어오면 산술적으로는 빼기와 나누기만 이루어질 줄 알지만 지나고 보면 더하기와 곱하기가 이루어져 재산도 불어나고 인구도 늘어나 있음을 저마다 깨닫게 된다. 필자는 대구, 경북, 경남 일원의 8개 사회교육원에 출강을 해왔는데 지금까지 가장 많은 박수를 받은 강의주제가 바로 "남녀결합에 관한 인도인의 불가사의한 철학"이었다. 결혼을 기피하는 자녀를 가진 대다수 부모가 자녀를 설득하는 방법은 천편일률적으로 "부모걱정을 덜어주는 셈치고 제발 결혼 좀 해 다오."라고 애원하는 방식이었다. 그러나 합리적 사고에 물든 요즘 젊은이들은 부모의 그런 설득에 쉽게 넘어가지 않는다. 이제부터 인도인과 우리 조상이 폈던 남녀결합에 관한 불가사의한 철학을 젊은이들의 우뇌에 입력시켜보면 어떨까 싶다. 결혼은 손해인 것 같아도 실제로 해보면 결국 남는 장사라는 것이라고 말이다.

요즘 젊은이들의 1가구 1자녀 갖기 추세에 대해서도 설득 방법을 바꾸는 것이 좋을 듯하다. 두 자녀에게 나누어 줄 기대와 관심을 한 자식에게 몰아줌으로써 두 배의 효과를 거두리라는 생각은 100% 잘못된 생각이라는 것을 실증자료를 내세워 설득시킬 수 있다. 중국에서 양산된 소황제증후군과 일본사회의 골칫거리로 등장한 "방콕 족"(외동으로 과보호를 받으며 자라나 남과의 경쟁을 두려워하여 방에 콕 들어박혀 컴퓨터 게임만 하며 사는 족속)이 좋은 증거가 된다. 두 자녀를 두어 관심과 기대를 분산하여 주면 부모로부터 받는 압박감을 반단 받게 되고 형제간에 협동하는 태도를 배우게 되어 교육효과가 두 배로 늘어난다는 것을 자신있게 설명해 줄 수 있을 것이다. 여러 자녀를 두어 길러본 부모는 둘째 이하 자녀들은 큰 아이가 부모와 부대끼며 겪는 시행착오 과정을 지켜보며 얻은 간접효과로 절로 자라더라는 말을 수 없이 많이 들을 수 있다.

중국이 좀체 인구공포증에서 벗어나지 못하는 이유는 '인구(人口)'라는 단어에 들어있는 '구(口)'자 때문이다. "목구멍이 포도청이다."나 "인심은 쌀독에서 나온다."같은 말에서 입은 통치자나 부모에게 공포의 대상이라는 어감을 풍긴다. 그런데 어느새 인구가 짐이 아니고 자원이라는 개념으로 바뀌었다. 2차, 3차 산업에 종사하는 인구가 다수로 바뀌면서 "사람이 사람을 뜯어먹고 사는 시대"로 변한 때문이다. 인도인은 세상의 이런 변화를 예견하고 그런 불가사의한 민간철학을 배태시켰을까?

14 공산체제가 중국에 미친 긍정적 영향

공산체제가 중국인민의 경제활동의욕을 꺾음으로써 인민을 가난뱅이로 전락시켰다는 점에서는 엄청나게 큰 피해를 끼쳤다고 말할 수 있다. 그러나 공산체제가 중국사회의 고질적 병폐를 일소시킨 측면도 있었다. 중국의 첫 번째 고질병은 뭐니 뭐니 해도 극심한 성차별관행이다. 비숍 여사가 19세기 말에 중국을 방문했을 때 중국여성들이 감내하고 있는 비인간적인 관습인 '전족(여성의 발이 정상적인 발육을 못하도록 천으로 세게 싸매는 관습)'을 보고 느낀 바를 그녀의 중국기행문 『양자강을 가로질러 중국을 보다』(312쪽)에서 다음과 같이 기록하고 있다.

> 보통여성은 전족이 거의 완성될 때인 10세 정도에 부유한 남성과 약혼을 하게 된다. 전족을 한 여성은 줄곧 그 고통을 견뎌야 한다. 발끝이 발밑으로 심하게 꾸부러진 상태에서 천으로 싸매기 때문인데 그 신음소리만으로도 심줄이 파열되었을 것 같은 느낌이 든다. 하지만 이런 고통에도 불구하고 어린 여아나 다 자란 처녀나 할 것 없이 부유한 남편을 만나는 것으로 모든 고통을 참고 만족해한다.

중국의 '전족'이 어떤 문화적 배경에서 생긴 것인지를 뜻글자인 한자 풀이를 통해 알아본다. 사나이를 뜻하는 '남(男)'자는 '밭(田)에서 힘(力)으로 일하는 사람'이라는 뜻을 내포한다. 이와는 반대로 '여(女)'자는 '두 손 모아 다소곳이 앉아 있는 여성'의 모습을 본떠서 만든 상형문자이다. 중국에 한자가 생긴 것이 약 4000년 전이라 추산되는데 이때에 이미 남성은 가부장으로, 여성은 남성에게 길들여 복종하고 사는 비천한 존재라는 인식이 굳어져 있었음을 알 수 있다. 여성의 지위를 짐작해 볼 수 있게 하는 한자들을 더 예를 들어본다. '계집 여(女)'변이 들어가서 생긴 한자가 200자가 넘는데 姦(간사할 간), 嫉(미워할 질)자처럼 대부분이 사람의 나쁜 심성을 나타내고 있는데 좋은 뜻을 내포한 한자는 '좋을 호(好)'자와 '편안할 안(安)'자 뿐이다. 그런데 '好'자를 뜯어보면 '여자(女)는 아들(子)을 좋아한다.'라는 뜻을 함유하고 있으니 중국에서는 고대부터 남아선호사상이 있었음을 암시한다. '安'자도 뜯어보면 '여자(女)는 집(宀)에 있으면 편안하다(安).'라는 뜻을 함유하고 있으니 여성의 행동반경을 집 안으로 제한한 당대 사회상을 내비치고 있다. 중국에 정착농경문화가 시작된 것이 약 8천 여 년으로 추산되는데 그때부터 여성은 자식을 낳고 집을 지키는 수동적 역할만 허용되었음을 짐작하게 한다. 그때로부터 수천 년이 지난 19세기에 중국여성에게 '전족'이라는 족쇄가 채워져 있었으니 양성평등이라는 관점에서 중국역사를 종으로 훑어보면 퇴보일로를 걸어왔다고밖에 볼 수 없다.

그렇다면 무엇이 중국의 여성차별을 심화시켜왔을까? 필자가 이 문제를 토론주제로 삼아 아동철학연구소 립맨 박사와 나눈 대화의 일부를 소개한다.

"이 박사는 아시아가 서양에 비해 성차별이 심한 것은 인정하지요?"

"예, 인정합니다."

"그럼, 그 원인이 무엇이라고 생각하세요?"

"유교의 영향 때문이라 봅니다."

"유교가 왜 여성차별을 심화시켰다고 보는지요?"

"유교도덕률은 '삼강오륜'으로 요약됩니다. 그건 기독교의 십계명과 격이 같은 기본도덕률입니다. 기독교의 십계명은 인간이 신에게 해야 할 의무가 세 항목이나 들어 있는데, 삼강오륜의 여덟 항목은 전부 인간 간의 행동강령만 규정해 두었어요."

"예를 들자면?"

"예를 들면, '백성은 왕에게 복종하고', '자식은 부모에게 복종하고', '아내는 남편에게 복종하고'……"

"알겠어요. 그 정도로 유교도덕률은 불평등에 바탕을 두고 있는 줄은 몰랐어요. 그럼, 여성차별과 관련된 더 구체적인 행동강령은 없어요?"

"있어요. 소위 '여성의 삼종지도'라는 것이 있었어요."

"그건 어떤 것인데요?"

"여자가 '어려서는 아버지에게 복종하고', '결혼해서는 남편에게 복종하고', '남편이 먼저 죽으면 아들에게 복종해야 한다.'는 것이지요."

"이박사가 방금 '삼종지도가 있었어요.'라고 과거형으로 표현했는데, 그건 지금은 없어졌다는 뜻입니까?"

"예. 오늘날 한국의 양성평등은 서양과 거의 같은 수준에 도달했어요."

"중국은 어떤지 아세요?"

"예, 제가 중국을 세 차례나 현지탐방을 통해 유심히 관찰했는데 중국은 지난 세기에 양성평등 측면에서는 성공했다고 판단됩니다."

"중국이 어떤 계기로 양성평등이 그렇게 속히 이루어졌어요?"

"1960대말 문화혁명 때에 '공자가 죽어야 나라가 산다.'라는 구호를 외치며 구습타파에 나선 젊은이들 덕택이라 봐요. 공산주의가 중국대륙에 미친 긍정적 영향이 딱 두 가지인데, 첫째가 양성평등실현, 둘째가 인구증가억제라고들 하더군요. 중국에서는 불과 반세기만에 양성평등이 빨리 이루어진 때문에 요즘 중국남성들은 '밖에 나가면 공산당간부가 무섭고 집에 들어가면 아내가 무서워 살기 힘 든다."라는 말이 유행어가 되었대요."

한국에서도 성차별문화가 빠른 변혁을 겪었다. 필자의 일생 동안에 인류가 겪어온 성차별역사를 다 겪었다싶다. 필자는 운이 좋게도 초등교육적령기에 해방을 맞아 제대로 교육을 받을 수 있었는데, 바로 위의 누님은 두 살 아래인 나와 같이 취학하여 초등교육으로 끝을 맺었고, 6세 위인 큰 누님은 학교 문 앞에도 못 갔다. 그러면서도 누님들이 당하는 차별대우는 우리사회의 전통이니 당연한양 생각한 나의 심보를 보고 인간은 이기적인 존재임을 알게 되었다. 많이 배운 여성은 남편에게 고분고분하지 않다고 아들보다 학력이 좀 낮은 여자를 며느리로 맞아드릴 생각을 한 적도 있다. 또 여성은 판검사나 의사, 교수 같은 전문직을 넘보면 안 된다는 편견을 상당 기간 버리지 못하고 있었던 것도 사실이다. 그런 필자가 요즘은 완전히 변해 있다. 그건 사회의 다수대중이 변한 때문이다. 우리나라가 경제에 있어서만 압축적 성장을 이룬 것이 아니라 양성평등 측면에서도 유래를 찾아보기 어려울 만큼 압축적 성장을 이루었다. 비숍여사가 진즉 예언했듯이 한민족은 두뇌가 대단히 명석한 민족임에 틀림없다.

최근에 한국의 입시와 취업경쟁에서 여성이 남성을 맹추격하더니 어떤 분야는 추월했다. 그런 변화로 '남성다운 여성상'이나 '여성다운 남성상'이 나타나고 있다. 요즘 남자정치가들은 입이 가벼워 자주 구설수에 오르는데, 어떤 여성정치가는 무게 있는 말로 신뢰를 쌓고 있음을 보고 '남아일언중천금'에서 한 글자를 바꾸어 넣어야 될 것 같다고 말하는 이도 있다.

15 이슬람문화권이 여성의 지옥이 된 속내

근년에 아랍문화권에서 이는 재스민혁명바람이 세계인의 관심을 끌고 있다. 재스민혁명바람의 특징은 여성이 주체가 되는 것인데 그 배경이 무엇인지 밝혀본다. 이슬람 문화권은 워낙 베일에 가려서 실상을 파악하기가 쉽지 않았는데 최근에 서구로 탈출하여 이슬람의 불편한 진실을 폭로한 작가가 여럿 나왔다. 필자는 그중에서 아이안 허르시 알리의 『이단자 *Infidel*』, 제랄딘 부룩스의 『이슬람여성의 숨겨진 세계 *Hidden World of Islamic Women*』, 카알드 후세인의 『천 개의 찬란한 태양 *The Thousand Splendid Suns*』 등 3권의 책에서 공통내용을 간추려 소개한다.

유태민족에서 태어난 예수가 기독교를 선포한 지 600년도 더 지난 AD 613년에 아랍민족 출신 마호메트가 이슬람교를 선포하면서 기독교의 여호와 신을 부정하고 알라를 유일신이라고 선언했다. 마호메트는 아랍반도 중앙지역(오늘날 사우디아라비아)의 메디나에서 유복자로 태어나 어머니를 어린 시절에 여의고 남의 집 양치기소년으로 고용되었다. 그러다가 대상(동서양을 오가며 교역활동을 하는 집단)에 소속되어 청년시절을 보내던 중 대상소유자인 연상의 과부와 결혼하여 여유로운 삶을 살면서 명상과 기도생활에 몰두했다. 그는 기도생활에서 가브리엘천사한테 전달받았다는 알라의 계시를 전하기 시작했다. 메디나에서 마호메트가 교리를 전하기 시작했을 때, 그곳 기득권 세력이 박해하자 고향을 떠나 피신하였다. 피신지역에서 기층민을 규합하여 다시 메디나로 진격하여 마침내 메디나를 함락하고 이슬람교를 선포했다. 아랍민족이 기대 이상의 뜨거운 호응을 한 이유가 있었다. 구약성서에 기록된 아랍민족차별에 대한 한을 마호메트가 풀어준 때문이었다. 구약성경에 인류의 조상인 아브라함의 후처 하갈과 아들 이스마엘이 전처와 암투를 벌이다가 사막으로 쫓겨나 아랍민족의 선조가 되었다고 기록된 것이 아랍민족의 가슴에 사무친 한으로 남아 있다는 것을 마호메트가 교묘히 이용하여 아랍민족의 가슴에 불을 질러 마호메트교에 합세하게 했다.

기독교인은 마호메트가 이슬람교도에게 일부다처제를 허용한 속내를 파헤쳐 코미디로 희화시켰다. 6~7세기에 소아시아와 아프리카 일대의 부족은 대체로 일부일처제로 굳어져 가고 있었다. 그런데 마호메트는 자기에게 거액의 재산을 물려준 연상의 아내가 죽자 연달아 6인의 아내를 맞아들였다. 포교전쟁을 수행하면서 피정복민족의 여인을 차례로 아내로 맞이하는 마호메트를 본 측근 참모가 알라신의 뜻을 전하는 예언자가 여러 여자를 거느리면 모든 신도가 따를 터이니 자제하라고 간언했다. 이럴 때마다 마호메트는 즉답을 주지 않고 알라 신에게 계시를 받아서 답을 하겠다며 말미를 얻었다. 그 후 마호메트는 가브리엘 천사를 통해 알라의 계시를 받았다며 이렇게 전했다. “알라 신의 뜻을 세상에 전하기 위한 성전을 치르는 동안에 이민족의 불쌍한 여인을 맡아 돌보는 일도 알라신의 사랑에 일치한다."라고. 그 계시를 전달받은 중간지휘관들이 마호메트를 본받아 여러 여인을 거느리자 난처해진 마호메트가 알라신에게서 더 구체적인 계시를 받았다면서 일인당 4명의 아내를 거느려도 된다는 교시를 내렸다. 이것이 코란에 기록됨으로써 일부다처제가 이슬람 문화권에 널리 확산되었다. 남자에게 절대 유리한 이 관습이 후대로 올수록 더욱 굳혀져 여성을 성노예로 삼는 관행이 고착되었다.

히잡, 차도르, 부르케 등으로 불리는 이슬람여성들의 특수의상은 순전히 마호메트의 변덕스런 교시에 의해 생겼다. 여성들이 신체부위를 가리는 관습은 마호메트의 독특한 여성관에서 비롯되었다. 마호메트가 아내로 삼은 여인 중에는 자기 양아들의 아내 즉, 양 며느리가 들어 있었다. 마호메트가 포교전쟁을 치르면서 믿을만한 젊은 심복들을 양자로 들여 호위병으로 임명했다. 이들 양자부부들은 마호메트부부의 침소 부근에서 거처했으므로 서로 눈이 마주치는 일이 잦았다. 하루는 마호메트가 양자의 젊은 아내의 모습을 유심히 바라보는 것을 눈치 챈 양자가 자기 아내에게 눈독을 들이는 양부에게 먼저 아내를 양보해야 신상에 유리하겠다고 판단하고 이혼을 해주어 교주의 아내가 되게 해주었다. 그러나 이것을 근친상간으로 해석한 참모들이 코란에 어떻게 기록 할지 마호메트에게 물었다. 마호메트는 며칠 간 고민하는 듯하더니 마침내 알라 신이 계시를 내렸다면서 이렇게 전했다. "인간의 죄는 주로 두 가지 욕망때문에 저질러진다. 첫째 욕망은 식욕이고, 드 번째 욕망은 성욕이다. 첫째 욕망을 억제하려면 수시로 금식을 해야 한다. 그것으로도 부족하니

1년에 한 달을 금식의 달(라마단)로 정해 엄수해야 한다. 성욕 때문에 생기는 죄를 줄이려면 성욕을 일으키는 근원을 차단하는 수밖에 없다. 남자들의 성욕을 일으키는 근원은 여자의 몸이니 남자의 눈길을 끌 여성의 신체부위는 모두 가리도록 하라."라는 교시를 내렸다. 그 말이 코란에 기록됨으로써 이슬람여성들은 검은 천으로 전신을 가리고 눈만 내놓고 살아야 하는 운명에 처해지게 되었다.

이슬람 문화권에서 여성들에게 가하는 가장 가혹한 형벌은 소위 '명예살인'이라는 것이다. 여성이 자기 신체부위를 다른 남자에게 노출시키거나 말을 주고받을 경우에는 그 여성의 아버지나 오빠가 가문의 명예를 지킨다는 구실로 그 여자를 죽이는 행위가 명예살인이다. 만약 이슬람 문화권에서 여성이 깨쳐서 자기네들을 옥죄고 있는 이 사슬을 벗어던진다면 이슬람교는 존립 자체가 위협받을 것이다. 그뿐만 아니라 여성을 노예처럼 부려먹던 남성들이 졸지에 특권을 빼앗기고 여성들에게 보복당할지도 모른다. 그런 두려움 때문에 이슬람남성들은 기득권을 지키기 위해 여성들에게 코란을 암송하는 일 외에는 어떤 교육도 허락하지 않는다. 1988년에 발표한 루시디의 『악마의 시 *The Satanic Verse*』에서 마호메트는 신도들에게 알라신 외에 어떤 신도 믿지 말라고 설교하면서 자신은 여러 여신의 신봉자였다고 작가는 비꼬았다. 그 여신은 천상에 있는 여신이 아니라 마호메트의 아내가 되어 창녀 노릇을 한 여섯 여인을 지칭한 것이었다. 인도인으로 마호메트의 여성편력을 꼬집어 문학으로 표현한 루시디는 서양세계로부터는 영웅취급을 받은 반면에 이슬람으로부터는 늘 살해위협을 받으며 살아야 했다.

16 이슬람세계가 자살테러의 온상이 된 속사정

저명한 국제정치학자 도미니크 모이시는 『감정의 지정학』이라는 저술에서 "희망의 문화 아시아", "공포의 문화 서양", "굴욕의 문화 이슬람"이라는 말로 표현하여 세계 3대문화권의 판세를 평가하고 있다. 모이시는 3대문화권의 세력판도가 현재와 같이 바뀌게 된 시기를 1683년으로 보았다(98-99쪽). 이때가 르네상스의 영향으로 서구문화가 상승세를 타고 오스만제국이 하강세로 돌아서는 시점이다. 이때를 기점으로 아시아의 일본은 문화수입원을 동양에서 서유럽으로 바꾸어 포르투갈에서 총기제조기술, 네덜란드에서 의술, 독일에서 스파르타식교육, 영국에서 산업화기술을 도입하여 아시아의 대표강국으로 발돋움해갔다. 이와는 반대로 찬란한 문화와 역사를 자랑하던 이슬람 문화권은 좌절감과 무력감에 빠져 쇠퇴일로를 걷게 되었다. 그 후 20세기에 석유가 에너지원으로 떠올라 산업화에 성공한 서양선진국과 유리한 조건으로 외교관계를 맺어 이익을 챙길 기회가 왔는데도 중동 산유국들은 패배감에 사로잡혀 석유를 헐값으로 팔아넘기고 말았다. 이 틈을 타서 20세기 중반에 유태민족이 중동에 독립국가 이스라엘을 건설하여 이슬람국가들에게 위협을 주었다. 참다못한 이슬람국가들이 1967년에 이스라엘에게 도발하자 인구 300만의 이스라엘이 최첨단무기로 삽시간에 적진을 초토화시켜 이슬람권을 더욱더 깊은 굴욕의 늪으로 빠뜨렸다. 굴욕감이 증폭된 이슬람 세력이 자살공격으로 서방세계를 보복한 사건이 9.11테러였다.

이슬람문화권이 침체일로로 빠져들게 한 근본원인이 이슬람교의 교리에 있다고 보는 이들이 많다. 이슬람교는 기독교보다도 훨씬 더 엄격한 교리로 인간의 지력을 경직시켰기 때문에 학문과 문화가 발달할 풍토가 조성되지 못했다고 본 때문이다. 새벽기도시간에서부터 저녁기도까지 평균 3시간 간격으로 하루 다섯 차례나 성지 메카를 향해 기도를 드리도록 강요하는 이슬람교는 인간의 지력을 경직시키기에 알맞다. 마호메트는 자기가 엉성하게 만들어 전한 교리가 인간의 지혜로 허물어질지 모른다는 불안감 때문에 인간의 지적 발달을 봉쇄하는데 각별히 신경을 썼다고 말하는 사람도 있다. 이슬람권을 탈출하여『이단자 *Infidel*』라는 책을 발표한 아얀 히르시 알리는 사우디아라비아의 마을 쿠란학교에서 받은 교육에 대해 다음과 같이 증언하고 있다.

> 마드라사(쿠란학교)의 교육목표는 쿠란의 이해가 아니라 단순암송임에 틀림없었다. 사우디아라비아교육에서는 모든 것을 죄와 연결시켰다. 장난을 쳐도 죄가 되고 불결해도 죄가 되었다. 우리는 종교적 금기를 의미하는 '하람'이라는 말을 허구한 날 들어야 했다. 꾸란 학교 운동장에서 노는 소녀들은 하얀 스카프를 둘러야 했는데, 그 스카프가 조금이라도 느슨해지면 주변에 소년들이 있건 없건 무조건 '하람'으로 지적되어 처벌받았다 (76쪽).

이슬람의 교육에서 인간의 지력개발을 일부러 저지시키니 서구의 첨단학문을 따라잡는다는 것은 상상도 할 수 없는 일이었다. 지력개발은 그렇다 치고 인성교육은 그보다 더욱 한심하다면서 이렇게 지적하고 있다.

> 사우디아라비아에서는 일이 잘못되면 무조건 유대인의 탓으로 치부했다. 에어컨이 고장 나도, 수돗물이 끊겨도, 다 유대인이 저지른 것이라고 했다. 아이들은 부모의 건강과 유대인의 몰락을 위해 빌라고 배웠다……. 동네 아줌마들이 누군가의 흉을 볼 때는 "못생긴데다가 콧대도 높은 창녀라니까. 아마 유대인 하고도 잤을 걸"이라고 욕했다(77쪽).

이슬람교육에서 서구문명에 대한 증오심을 고취시키는 심리의 저변에는 열등감이 도사리고 있다. 자신에 대한 증오를 처리하는 방법은 자학과 자살뿐이다. 이슬람교에서는 적에게 피해를 입히고 죽는 것을 순교와 같은 차원으로 승화시켜 구원의 가장 확실한 방법이라고 가르친다. 그러니 이슬람세계에서는 자살테러가 끊임없이 일어나고 있다. 모이시가 이슬람권을 '굴욕의 문화'라고 명명한 이유가 바로 여기에 있다. 이슬람교가 이런 굴욕의 문화에서 벗어나려는 움직임이 없지는 않았다. 마호메트가 죽자 아랍계 이슬람교도들(수니파라 칭한다)은 민족해방지도자를 잃은 슬픔에 빠졌다. 그러나 비아랍계 이슬람들은 민족해방의 찬가를 부르며 축하하는 분위기가 한동안 조성되었다. 그러나 그런 분위기는 오래가지 않아 시들해졌다. 그 이유는 이슬람문화가 통치자와 남성에게 절대 유리하기 때문이다. 이슬람교로부터 통치권을 부여받은 권력자는 장기집권을 할 수 있고, 사후에 심복이나 자식에게 권력을 물려줄 수 있기 때문이다. 그러기에 이슬람권의 어떤 통치자가 통치권에 위협을 받으면 수니파이든 시아파이든 가리지 않고 통치자들끼리 서로 도와 공동방어 작전을 펴기 때문에 반 이슬람혁명은 성공하기 어렵다고 본다.

20세기에 접어들어 이슬람국가들이 서양강대국과 긴밀한 관계를 맺어야 할 필요가 생겼다. 서양선진국에서 산업혁명이 일어난 후부터 석유가 에너지로 쓸모 있게 되자 서양강대국이 중동 산유국으로 몰려들었다. 과학기술이 발달하지 못한 중동지역에서는 서양선진국에 석유채굴권을 팔아 떼돈을 벌기위해 서양과의 관계개선을 도모했다. 서구와의 관계가 밀접해지면서 비 아랍계 이슬람국가에서 세속화바람이 불게 되었다. 1920년대에 이란의 팔레비정부는 이슬람의 경직된 남녀차별관습을 철폐하는 정책을 펴기 시작했고 터키에서는 서양의 민주정치를 도입하여 정착시키기 시작했다. 이집트의 나세르는 1950년대부터 친 서방정책으로 전환하여 탈 이슬람바람을 주도했다. 방글라데시에서는 이슬람 최초의 여성대통령이 탄생하기까지 했다.

그러던 중 이란에서 맨 먼저 이슬람혁명(이슬람교창설당시로 돌아가자는 운동)이 일어났다. 이란의 친미정권 팔레비왕조가 부패하여 민심이반이 심해지자 1979년에 이란의 사회주의자들과 이슬람세력이 힘을 합해 팔레비정권을 몰아내고 호메이니를 앞세워 이슬람혁명을 주도했다. 여성에게 일자리를 빼앗겼던 남성들이 혁명수행감시단에 대거 합세했다. 이슬람혁명으로 큰 비탄에 빠져든 여성운동가들은 이슬람세계를 탈출하여 이슬람문화의 불편한 진실을 폭로하는 일이 잦아졌다. 이슬람국가에서는 이들 배신자들을 처단하기 위한 테러조직을 서양세계로 보내어 보복을 일삼았다. 그래도 죽기를 각오하고 이슬람여성의 처참한 처지를 세계에 알린 이들 때문에 재스민혁명의 불이 붙었다.

제3부 다른 문화 간의 융화와 통섭

1 투명지수가 높은 문화와 부패지수가 높은 문화

2012년 12월 13일에 세계투명성조사기구가 발표한 국가별 투명성조사결과를 보면 유럽과 호주, 뉴질랜드, 캐나다 등 백인국가들이 투명지수가 최고 높은 부류에 속하고, 아프리카와 아시아의 유색인종국가들이 부패지수가 높은 부류에 속해 있어 극명한 대조를 보이고 있다.(네이버. 인터넷뉴스 2012년 12월 17일) 얼핏 보면 피부색이 두 부류로 가르는 요인인가 싶은 느낌이 들겠지만 알고 보면 문화 차이가 가져온 결과이다. 한국이 경제력 면에서 세계 10위 안에 들어가지만 우리나라보다 경제력에서 한참 아래인 서양 30여 개 국가보다 투명성이 낮은 45위로 평가된 것은 문화 차이에서 비롯된 것이라고밖에 해석할 수 없겠다. 결론부터 말하자면 정직을 최고의 미덕으로 삼는 기독교문화와 팔을 안으로 굽는 것을 당연시하는 동양의 유불선문화가 그런 차이를 가져왔다고 본다.

필자는 40여 년간 공직에 있으면서 한국의 공직자는 여간 독하지 않고는 구조적인 부패의 고리에서 벗어나기 어렵다는 것을 몸소 체험했다.

26세에 경북 군위군 산성면에 있는 의흥중학교산성분교에 첫 발령을 받은 필자에게 맡겨진 직책이 교무기획이었다. 그 분교에서는 신학년도가 시작된 지 몇 달까지 정원을 못 채우는 형편이었다. 부임한 지 한 달쯤 된 4월 어느 날, 다른 선생님들은 모두 수업에 들어가고 혼자 교무실을 지키고 있는데 어떤 시골청년이 동생을 데리고 와서 입학을 시켜달라고 했다. 나는 반가워서 입학수속을 얼른 해주고 다음날부터 수업준비를 해오라고 하며 보냈다. 나중에 교감에게 그 사실을 보고했더니 예상과는 달리 "누구 맘대로 학생을 입학시켜?"라며 그 학부형을 다시 학교에 나오도록 했다. 그 학부형은 연락 받고 부랴부랴 학교로 나왔는데, 별것 아닌 호적초본, 서약서 등의 서류로 트집 잡아 뭔가를 뜯어내려는 속셈을 드러냈다. 이틀 만에 정식입학허가가 났다며 그 학부형은 전 직원을 시장가의 식육식당에 데려가 포식을 시켜주었다. 나와 같은 연배의 그 학부형은 새끼돼지 두 마리를 시장에 내다팔아 동생입학허가를 받아냈다고 나에게 귓속말로 얘기했다. 48년이 지난 지금까지 '두입이 식당'이라는 그 식당 이름을 기억할 만큼 그 사건은 큰 충격이었다. 국립사대를 졸업하고 처음 선 교단에서 부딪친 충격을 미주알고주알 편지로 써서 존경하는 대학은사님에게 보냈더니 당시 경상북도교육위원으로 계시던 은사님은 철부지자식을 달래듯 그런 데일수록 올곧은 교육자가 필요하다며 나에게 일거리를 정해주셨다. "전국의 모든 영어선생은 문법 중심의 영어교육에서 벗어나지 못하고 있는데 자네가 구어중심영어교육을 실험 적용하여 전국에 보급시켜보게나"라는 지시에 따라 실험연구를 시작했다. 이듬해 군소재지에 있는 군위중학교로 옮겨 연구를 계속하여 교육부 주관으로 전국 최초의 '영어로 하는 영어수업(TEE)'을 시범 보였다.

필자가 국립사대를 졸업하던 해에 첫 발령을 받은 곳이 교육환경이 아주 열악한 경북군위군산성면에 위치한 의흥중학교 산성분교였다. 왜 내가 이런 곳에서 근무해야 하나 싶어 그 불만을 대학은사님에게 미주알고주알 편지로 토로하였다. 그때 은사님께서는 그런 데서만 할 수 있는 과제를 내어줄 터이니 실행해 보라며 우리나라영어교육에 뿌리를 내리지 못한 Oral Approach 교육실행을 위한 자료를 잔뜩 부쳐 보내셨다. 필자는 그걸 절대 거역해서는 안 될 지상명령이라 여기고 그 연구에 매달려 3년 후에 군위군청 소재지에 있는 군위중학교에서 문교부지정연구발표를 하였다. 그것이 우리나라에서 최초로 시도된 '영어로 진행하는 영어수업'(TEE)이었다.

은사님이 서거하신 후, 탄신100주년을 맞아 유족들의 부탁을 받은 필자는 은사님의 일대기 『참스승 원암 이규동』를 집필하게 되었다. 그 책을 통해 은사님과 저가 50년 전에 주고받은 수많은 서신왕래사실을 한국정책방송 KTV에서 알고 '히스토리텔링'이란 프로그램에 담아 2주일간 (2012년 5월 15-5월 28일) 방영한 바 있다. 당시 오지였던 경북군위군 산성면 소재지에 자리 잡은 화본역이 요즘은 각지에서 가장 아름다운 추억의 간이역으로 각광을 받아 전국에서 관광객이 구름같이 몰려든단다. 화본간이역에서 지척 거리에 있는 산성분교는 "엄마아빠들 어릴 적에"라는 이름의 역사박물관이 되어 전국 각지에서 수학여행 오는 학생들의 좋은 교육장이 되고 있단다.

전국에서 가장 아름다운 추억의 간이역: 화본 역 전경(군위군제공)

한 세대가 지난 오늘날까지 공직사회에서 부패의 뿌리가 뽑히지 않았음을 보여주는 좋은 증거로 요즘 연거푸 터져 나오는 대형안전사고를 들 수 있다. 뇌물수수혐의로 매스컴에 얼굴이 비치는 사람들이 애써 웃음을 띠며 포즈를 취하는 심리는 우리사회가 모두 부패의 고리로 연결되어 있는데 자기만 재수 없게 걸려서 희생양이 되고 있다고 변명하는 심리에서일 것이다. 정치비자금을 관리하는 사람이 착복하려다가 꼬리가 잡히면 "떡을 주무르다보면 고물이 떨어지기 마련"이라고 넉살부리는 것도 한국사회의 부패 만연 정도가 어느 정도인지 짐작케 한다.

구한말에 한국사회를 집중 탐색한 이사벨라 버드 비숍여사는 당시 한국사회는 민중을 착취하는 지배층과 착취당하는 서민층으로 구분되어 있더라고 보고했다. 민중을 착취하는 지배층의 관행은 과거제도에 뿌리를 둔다고 봤다. 과거를 치르려면 어려운 한문을 공부하여 중국고전을 통달해야 하기에 일체의 육체노동은 면해주고 글공부에만 매달리게 했다. 다행히 과거에 합격하면 그를 위해 희생한 가족에게 보상해야 한다는 심리적 압박감 때문에 관료들은 죄책감 없이 부패의 고리에 걸려들었다. 그런 악순환을 막으려 청백리제도를 만들었으나 청백리는 가뭄에 콩 나듯 나타날 뿐 사회는 탐관오리들로 득실거렸다. 선비들의 부패원인은 유교도덕률에서도 찾을 수 있었다. 유교도덕률은 나라와 가족에 대한 의무 중에서 가족에 대한 의무를 우선시했다. 그게 팔이 안으로 굽는 처신을 용인했다. 최근에 고위공직자들을 임명할 때 청문회를 거치는 서양식제도가 도입되고 나서 우리 사회에서 가장 모범되게 살아온 것으로 알고 있었던 인사들이 자녀의 병역비리, 자녀교육을 위한 위장전입, 세금탈루 등을 저지른 것이 드러날 때마다 '관행'이라는 말로 방어하는 모습을 보인다. 관행이란 다름 아닌 문화이다.

우리사회에 아직도 남은 부패의 관행을 발본색원하려면 국민들부터 달라져야 한다. 위정자들은 물론이고 일반시민 하나하나가 부패의 연결고리를 벗어던지도록 노력해야 할 것이다. 한반도에서 일어난 네오르네상스가 한반도를 부패지수가 높은 나라에서 투명지수가 높은 나라로 탈바꿈하게 하는 계기가 되기를 바랄뿐이다.

2 신체접촉을 선호하는 문화와 신체접촉을 금기시하는 문화

미국에서 의사로 일하는 필자의 큰 아들에게서 아주 충격적인 얘기를 들었다. 그가 아는 한인의사 한 사람이 미국의사자격증을 따서 미국의 병원에서 일하게 되었는데, 미국의 의료관행을 잘 몰라 환자로부터 고소를 당하게 되었다는 얘기였다. 그 얘기의 자초지종은 다음과 같다.

하루는 그 한인의사가 백인여자 환자를 치료하면서 주사를 놓을 필요가 있게 되었다. 그 의사는 환자에게 엉덩이에 주사를 놓아야 하니 내의를 끌어내리라고 말했다. 그리고는, "근육에 힘주지 말아요!"라고 말하면서 한 손으로 환자의 엉덩이를 찰싹 때리면서 다른 한 손으로 주사침을 그 여자환자의 엉덩이에 꽂았다. 며칠 후에 어떤 변호사가 그 의사에게 전화를 걸어와 그가 며칠 전에 그 여자 환자에게 주사를 놓으면서 어떻게 했는지를 물었다. 그래서 그 의사는 자기가 한대로 얘기했다. 그랬더니 변호사는 "역시 환자의 말이 사실이군요. 당신은 그 여자환자로부터 성추행혐의로 고소당했어요."라고 말했다.

어안이 벙벙해진 의사는 한참 동안 할 말을 잊고 멍청히 앉아있었다. 이윽고 나타난 변호사는 범죄의 꼬투리를 잡으려고 요모조모 따져 물었다.

“여자 환자의 엉덩이를 손으로 살짝 치는 것이 성범죄가 되는 줄을 모르시지는 않았겠지요?”

“주사를 놓을 때 환자의 엉덩이를 찰싹 때리는 것은 근육의 긴장을 줄이기 위해 한국의사들이 통상적으로 행하는 의료행위인걸요.”

“당신은 한국의사에요, 미국의사에요?”

“미국의사이죠. 하지만 아직 미국의 의료관행에 대해서 잘 몰라서 실수를 했어요.”

“고의적인 범죄가 아니라는 말이군요. 그렇다면 그 환자의 엉덩이를 찰싹 때리는 행위를 왜 해야 되는지에 대해 미리 환자에게 설명을 했어요?”

“아니요. 하지만, 그게 미국에서도 통하는 의료행위인줄로 생각했어요.”

“당신은 두 가지 과오를 인정했어요. 하나는 당신이 미국의사로서 미국의 의료관행을 모르고 있었다는 것이지요. 다른 하나의 과오는 환자에게 엉덩이를 왜 찰싹 쳐야 하는지 설명도, 또 상대가 그렇게 하는 것을 허락하는지 물어보지도 않고 마음대로 했다는 것이지요.”

결국 그 한국의사는 자기 방어를 위해 변호사를 고용해야 했다. 그런 시련을 겪는 가운데 그 의사가 깨닫게 된 것이 있었다. 그건 다름 아니라 미국에서는 손쉽게 돈을 벌기 위해 담당 의사를 고소하는 환자가 허다하다는 사실이었다. 또 일부 교활한 변호사들이 순진한 의사를 상대로 고소하도록 환자들을 충동질한다는 것도 알게 되었다. 이것이 소위 자본주의사회에 횡행하는 먹이사슬원리라는 것도 알게 되었다. 그 한인의사는 미국의 문화코드를 배우는 데에 엄청난 대가를 치러야 했다.

95세까지 한국에서 사신 나의 어머니는 노년에 병원출입이 잦았는데 병원에 다녀와서 흔히 토로한 불만은 "오늘은 이것저것 기계로만 검사하고 의사는 내 손목도 한번 안 잡아 보더라."는 말이었다. 필자가 한국 병원에서 주사를 맞아야 할 때, 간호사가 내 엉덩이를 살짝 치는 것에 대해 안도감을 느끼는 편인데 서양인들은 왜 신체접촉에 대해 그렇게 과민반응을 보일까 싶었다.

미국에서 의사로 일하고 있는 아들이 미국의 의료관행에 대해 얘기해 주고 있는 장면

미국에서 병원 출입을 몇 번 해본 필자는 미국의사들이 환자를 대하는 태도에서 한국의사들이 본받을 점이 두 가지라 생각했다. 한 가지는

진찰받으러 갈 때 미리 예약을 하고 가기 때문에 단 몇 분도 기다릴 필요가 없다는 것이었다. 또 한 가지는 진찰받으러 들어간 환자가 초진인 경우 과거 병력, 가족들의 병력, 생활습관 등에 대한 상세한 문진과 정밀검사를 받느라 30분에서 한 시간 정도 환자를 붙들고 정밀검진을 하는 것을 보고 의사가 환자 한 사람에게 그처럼 정성을 쏟는다는 점에 호감이 갔다. 그러다가 한국에 돌아와 동네병원에 진찰받으러 가서 대기실에서 30분 이상 기다려 고작 3분 진찰을 받는 것이 억울해서 의사에게 미국에서처럼 예약제로 바꾸고 진찰시간을 늘이면 안 되느냐고 물어봤다. 의사는 생각해보겠다고 해놓고 끝내 실천하지 않았다. 그래서 필자의 제자로 영남대학병원 병리학교실의 책임자로 있는 김용진 박사에게 그 얘기를 했더니 우스워 죽겠다는 듯 깔깔댄 후에 이런 말을 했다.

“선생님, 한국의사가 미국에서처럼 했다가는 환자를 다 놓치고 결국 망합니다.”

“더 잘하는 건데 왜 망하지?”

“한국 사람들은 병원에 들어서면 대기실에 사람들이 우글 거려야 이 병원의 의사가 유명한가보다 여기며 30분이고 한 시간이고 죽치고 앉아 기다려 치료받거든요.”

“그건 그렇다 치고, 30분 기다려서 3분 진찰받는 관행은 어떻게 생각하는데?”

김 박사는 즉답을 하지 않고 의미심장한 미소를 지은 후에 이렇게 말했다.

“한국 사람들은요 의사가 환자를 탁 보면 무슨 병인지 대번 알아맞히어야 용한 의사로 신뢰감이 들지 꼬치꼬치 캐물으면 신출내기 의사로

오인받기 십상이거든요."

"듣고 보니 김 박사 말이 다 맞네그려. 그런데 김 박사는 어떻게 동서양 의료관행 차이를 그처럼 꿰뚫듯 통찰하고 있지?"

"실은 제가 그 분야에 특별한 관심을 갖고 연구를 제법 했거든요. 동서양 의료관행 차이에 대해 연구한 책이 있는데 선생님 댁으로 부쳐드리겠습니다."

그 며칠 후에 그가 보내온 『*The Way of Asian Bioethics* 아시아인의 의료관행』이라는 책자의 내용은 다음과 같이 요약된다. 동양인들은 직관에 따라 판단하므로 거기에 맞춘 의료행위를 해야 신뢰받는 의사가 될 수 있고, 서양인들은 분석적 판단에 따라 행동하므로 그 성향에 맞추어 치료해야 성공적인 의사가 된다는 것이었다. 글로벌시대에 잘 적응하는 사람이 되려면 이질적인 문화에 대한 관용과 이해심을 갖출 필요가 있다 싶었다.

3 윗사람에게 대명사를 쓰면 혼나는 문화와 권장하는 문화

세살 때 미국에 가서 줄곧 거기서 자란 나의 손자와 전화통화를 하다가 우리말의 중요한 특징 하나를 새삼 깨닫게 되었다. 손자는 영어가 더 쉽게 나오는 편이고, 나는 우리말이 더 쉽게 나오는 편이라 영어와 우리말을 섞어서 대화를 하는 경우가 많다. 하루는 손자에게 "너 잘 지내니?"라고 안부를 물었다. 그러자 손자는 즉각 "잘 지내요. 그런데 당신은?"이라고 응답했다. 그 응답이 귀에 거슬려 이렇게 말했다.

"할아버지한테 '당신'이라고 하면 안 되지. 방금 그 말을 고쳐서 다시 말해봐."

"잘 지내요. 그런데, 너는?"

"그러면 더욱 안 되지. 할아버지에게 '너'라고 하면 버릇없다고 하지."

"그럼, 'you'를 뭐라고 하지요?"

손자의 이 질문에 필자는 그만 말문이 막혀버렸다. 손자는 "I'm fine. And you?"라는 영어를 우리말로 하다 보니 문제가 발생한 것이다. 손자가 되물어온 말에 얼른 답을 못하고 있다가 이렇게 답했다.

"'잘 지내요. 그런데, 할아버지는요?'라고 말해야 된다."

"그럼, 영어의 'you'라는 말에 해당되는 한국말은 없어요?"

"있지. '당신' '너' '그대' '자기' '자네' 등등……."

"그런데, 왜 그런 말을 못 쓰게 하는데요?"

필자는 또 한 번 말문이 막혀 나중에 자세히 알려주겠다고 말하고 전화를 끊었다.

필자는 손자의 질문에 자세한 답을 전해주기 위해 참고서적을 뒤졌는데 막상 찾아놓고 보니 필자가 쓴 『문화자료를 활용한 영어교육』이라는 책이었다. 그 책(5-6쪽)에 다음과 같은 내용이 실려 있다.

> 우리말에서는 대명사를 영어에서처럼 마구 쓰면 무례하다는 평을 들을 수 있다. 1년 선배에게 '당신'이라고 불렀다가 멱살 잡히기까지 한 예가 있는 사회가 한국이기 때문이다. 외국어로 의사소통을 제대로 하려면 언어코드와 함께 문화코드도 전환시켜야 한다. 우리말에서 이런 특징이 생기게 된 것은 우리 문화는 상황에 따라 행동해야 하는 특징, 즉 장(場)의존적 문화이기 때문이다. 인간관계를 중시하는 우리 문화에서는 말을 주고받을 사람 간의 관계가 아주 중요한 요인이 된다. 특히 손위의 사람과 대화할 경우 상대의 이름을 부르는 것은 절대금물이고 '너'나 '당신'같은 대명사를 쓰는 것도 용납되지 않는다. 꼭 불러야 할 경우에도, 아버님, 형님 같은 관계언어나 사장님, 사모님 같은 존칭을 쓰는 것이 좋다.

위의 글 내용을 더 쉽게 풀이하여 손자에게 메일로 전해주었다. 그 후에도 손자가 대화를 하다가 대명사를 써야 할 상황에 이르면 주춤거리는 것으로 보아 문화코드를 전환시키는 일이 수월하지 않음을 알 수 있었다.

필자가 한번은 중등학교교사로 있는 여자제자와 식당에서 식사를 하며 얘기를 나누고 있었다. 그때 그녀에게 어떤 사람에게서 전화가 걸려와 한참 동안 통화하는 내용을 본의 아니게 엿듣게 되었다. 식사 도중에 전화를 받는 시간이 너무 길다는 느낌이 들어 전화를 끊은 다음에 이렇게 물었다.

"시어머님에게서 온 전화인 모양이지?"

"아닙니다. 학모에게서 걸려온 전화입니다. 죄송합니다. 통화가 너무 길어서……."

"아니, 전화에 계속 어머님, 어머님이라고 하던데?"

"요새 학부모가 시어머님보다 더 무서운 걸요."

"그래도 그렇지. 그 학모의 나이가 김 선생보다 별로 많지 않을 것 아닌가?"

"실은 그렇습니다. 그래도 학모님이라는 공식용어보다는 어머님이라고 불러주니 좀 더 부드럽게 대하기에 그렇게 부르는 것이 습관이 되어버렸습니다."

"충분히 이해할 만하네. 그런데 자네의 그런 언어관행을 나무라는 것이 아닐세. 우리 문화의 재미있는 언어관행에 대해 얘기를 나누고 싶어서 그런 것이라네."

"어떤 언어관행 말입니까?"

"개인주의 사회인 서양에서는 개인 간의 마찰을 피하기 위해 'Excuse me' 'Sorry' 'Pardon?' 'please' 'Thank you.'같은 '완충언어'가 많이 개발되어 있지. 하지만 집단문화이자 감성문화인 우리나라에서는 타인도 한 식구나 다름없다는 느낌이 들게 하려고 '할머니' '아버님' '이모' 등으로 부르기를 좋아한단 말이야. 심리적인 거리감을 줄이려고 혈연관계 언어를 곧잘 쓴다는 말이지. 그런데 서양인은 한국인의 이런 언어관습을 익히기가 대단히 어려워하지. 서양인이 익히기 어려운 한국의 언어관습 중의 또 다른 하나는 '존대어(honorific language)' 사용이지. 평등언어인 영어에 익숙한 서양인에게는 존대어라는 개념이 낯설기 때문이지."

나의 지인 중에 넉살좋은 사람이 하나 있었다. 별로 수입이 없으면서 씀씀이가 큰 그의 재주가 용하다싶어 이런 농담을 해봤다.

"'하는 일 없이 돈을 잘 쓰는 자는 간첩용의자'라는 말이 있지. 그런데 자네 혹시 간첩 아니야?"

"뭐, 내가 하는 일이 없다고? 자네는 죽어도 못할 어려운 일을 나는 곧잘 한다네."

"무슨 일인데?"

"한국사회는 잘 나가는 사람들한테 '형님!'소리만 잘 하면 살길이 터지는 곳이야. 잘 나가는 사람들 앞에서 형님이라 부르며 환심을 사서 이용해먹고 아니꼬운 생각이 들면 집에 가서 '개새끼!'라고 욕을 해서 해소시키면 된단 말이여."

그 후 그 친구가 나한테 한 말 중에 "자네는 죽어도 못할 어려운 일"이라는 말을 곱씹어 보고 그 말이 맞다 싶었다. 나는 죽어도 그 친구처럼 아무나 보고 '형님'이라고 부르지는 못하는 성격이니 그 친구보다 내가 문화적응력이 취약하다는 것을 인정할 수밖에 없다 싶었다.

4 서양에서 윗사람과의 눈 접촉을 피해서 덕본 한인

한국 젊은이들을 영어권 나라로 유학을 보내거나 글로벌사업체에 입사면접을 받으러 보낼 때 필수적으로 시켜야 하는 것이 상대와 대화할 때 눈 접촉을 하도록 주의를 시키는 일이다. 그러나 그게 주의를 준다고 해서 쉽게 실행되지 않는다. 버릇은 머리에 입력되는 지식과는 달리 자동적으로 취하는 행동방식이기 때문이다. 필자는 미국의 아동철학연구소에서 Lipman박사와 토론할 때 내가 자주 눈 접촉을 피한다는 지적을 받았지만 쉽게 고쳐지지 않았다. 필자보다 무려 18세나 위인 그 분과 대화를 나누다보면 나도 모르게 그분의 시선을 피해서 눈을 아래로 내리깔고 얘기하는 버릇으로 돌아가곤 했다. 그걸 고치려고 고민하던 중에 좋은 아이디어가 하나 떠올랐다. "시선 접촉(eye contact)"이라는 문화행동을 주제로 그분과 토론을 해보자는 생각이었다. 뉴욕 한인 집단거주지역 Flushing에 사는 어떤 한인교포고등학생이 학교에서 미국의 눈 접촉 문화에 부적응을 일으킨 사례를 토론의 실마리로 삼기로 했다. 아래에 소개하는 글은 문제의 한인교포학생이 자기 반 담임선생님에게 보낸 편

지내용이다.

Dear Mrs Helen White(친애하는 헬렌 화이트 부인께)

제가 제 아버지에 대해 좋지 않은 말을 하게 되어 유감입니다. 그러나 제가 그걸 말씀드리지 않을 수 없는 이유는 제 문제행동의 근원이 거기에 있기 때문입니다. 저의 문제행동은 선생님이 저와 얘기할 때 선생님의 눈을 똑바로 쳐다보지 않는 것이라고 선생님께서 말씀하셨습니다. 그러나 선생님께서 문제행동이라 보는 그 행동이 한국에서는 정상적인 행동으로 여겨집니다. 한국에서는 학생이 선생님의 눈을 똑 바로 쳐다보지 않는 것이 정상이고 특히 꾸중을 들을 때는 더욱 그러합니다. 저는 미국에 와서 그 태도를 고치려고 노력해봤으나 그럴 때마다 아버지에게 야단맞습니다. 제가 아버지와 대화를 하면서 눈을 똑 바로 쳐다보면 아버지는 벼락같이 호통을 칩니다. 심지어 제가 아버지와의 대화에서 논리로 맞서면 말대꾸를 한다고 야단칩니다. 학교에서는 선생님들이 저에게 선생님의 눈을 똑 바로 쳐다보면서 큰 소리로 말하라고 하시고, 집에서는 아버지께서 말대꾸도 하지 말고 눈을 똑바로 쳐다보지 못하게 하니 저는 어쩌면 좋습니까?

필자가 먼저 이 편지를 Lipman 박사에게 읽어주고 그 분의 평을 기대하며 바라보고 있었다. 그러자 그분은 온화한 미소를 지으며 이렇게 말했다. “Dr. Lee가 나와 대화 도중에 자주 시선 접촉을 피하는 것을 이상하게 생각했는데, 알고 보니 이 학생이 학교선생님들의 시선 접촉을 피한 것과 같은 이유에서였군요?"

"예, 그렇습니다."

"그렇다면 한국에서는 왜 그런 행동이 정당화될까요?

"한국학생들이 선생님들의 눈을 똑 바로 쳐다보지 않는 이유는 선생님에 대한 존경심 표시의 한 방법이거든요. 한국, 중국 등 유교문화권에서는 스승에게 존경심을 표하는 것이 학생이 갖추어야 할 중요한 예의라고 가르칩니다."

"예절은 나라에 따라 다르지요. 그러기에, '로마에 가면 로마인이 하는 대로 하라.'라는 말이 있지요.'"

"그 말도 맞아요. 그러나 어느 한 문화권의 예절을 다른 문화권의 예절과 비교하여 어느 것이 옳다 그르다 판정할 수는 없다고 생각해요."

"그 말도 타당성이 있다 싶어요."

"만약 세계정부가 들어서서 이 두 개의 문화코드 중에 어느 하나를 글로벌 문화코드로 삼기로 결정한다면 어느 것이 채택될 것이라 보십니까?"

"글쎄요."

"저 생각으로는 동양식 예절이 세계문화코드로 채택될 확률이 더 높다고 보는데요……."

"무슨 근거로 그렇게 생각하는데요."

"지구상에 살고 있는 인구의 반 이상이 연장자를 존경하는 예절을 따르고 있다는 것을 박사님께서는 모르시는가 봐요. 그건 분명히 사실입니다. 제가 이제껏 박사님의 이름을 한 번도 부르지 않은 이유를 아세요?"

"글쎄요. 그러고 보니 Dr. Lee가 한 번도 내 이름을 부르지 않은 것 같아요.”

“한국인은 부모나 선생님 이름을 부르지 말도록 교육을 받아요. ‘선생님의 그림자도 밟아서는 안 된다.’는 한국 격언이 있거든요.”

“그랬군요. 이제 내가 납득이 되었어요. 그리고 Dr. Lee가 나를 그처럼 존경한다니 고맙기도 하고요. 그래서 그 존경에 대해 보답하는 뜻으로 내가 Dr. Lee에게 좋은 아이디어를 하나 제공해 주겠어요.”

“어떤 아이디어인데요?”

“미국에서는 누구와 얘기를 하든지 상대의 눈을 똑바로 바라보기를 기대해요. 대화를 하면서 상대의 시선을 피하면, 말에 자신이 없거나 뭔가 숨기고 있다고 판단되기 때문이지요. 이곳 문화가 그러한데 따르지 않으면 그 사람은 오해를 받게 되므로 결국 손해를 보게 되지요. 그런데 Dr. Lee처럼 자기나라 문화행동이 너무 굳어 있어 대화 도중에 시선 접촉을 하기 어려운 사람에게 좋은 수가 있어요.”

“어떤 좋은 수인데요?

“대화를 시작하기 전에 자기나라 문화 코드의 좋은 점을 미리 상대에게 얘기해서 양해를 구하면 되지 않을까요. 자기 문화의 좋은 점을 적극적으로 알리면 될 텐데, 다른 문화와 다르다는 것을 부끄럽게 여기는 것이 오히려 문제가 아닐까요?”

“그러네요. 정말 좋은 아이디어라 생각해요. 감사합니다.”

그날 이후로는 필자가 대화 도중에 Lipman교수와의 시선 접촉에 신경을 쓰지 않아도 되었다. 그뿐만 아니라 그 경험을 후학들에게 알려 외국에 나가는 우리 젊은이들에게 그 아이디어를 전하라고 귀띔해주었다.

어떤 후학은 외국인 상사에 취업 면접을 하러 가는 제자에게 그 아이디어대로 실천해보라고 했더니 면접관에게서 좋은 평가를 받아 취업이 결정되었다는 말도 전해주었다.

5 동양인의 텔레파시소통법과 서양인의 언어적소통법

필자가 뉴욕에 체류할 때 15층짜리 아파트의 14층에 살았는데 아침 출근시간에 엘리베이터가 몹시 복잡해서 곤란을 겪었다. 어느 날 아침에 너무 바빠 복잡한 엘리베이터에 마구 밀치고 들어가 겨우 설 자리를 확보했을 때, 어떤 노신사가 "당신이 내 발을 밟았어요."라고 말했다.

"오! 죄송해요."라고 내가 답했다.

그러자 이번에는 어떤 부인이, "당신이 내 팔에 몸이 닿았어요."

"오! 미안합니다. 몰랐어요."라고 내가 또 답했다.

필자는 엘리베이터에서 내리자 말자 "후유!" 안도의 한숨을 쉬었다. 한국에서는 러시아워에는 약간의 불편을 끼쳐도 일일이 사과를 요구하지 않는데 서양에서는 왜 이럴까 싶었다. 실은 한국에서도 예외가 있긴 했다. 한국에서 필자가 근무하는 학과에 영국인 여교수가 있었는데 필자가 그 분의 운전석 옆자리에 앉아 갈 때의 일이었다. 그 분은 오른 손으로 운전스틱을 조종하다가 나의 왼쪽 무릎에 손이 약간 닿았을 때, "Sorry!"라고 말했고 나는 "That's okay!"라 답했다. 그런 상황이 여러

번 반복될 때마다 똑 같은 말로 사과 표시를 해오는데 필자는 일일이 답하기가 귀찮아졌다. 그래서 "이제부터 똑 같은 사과와 양해의 말을 하지 말기로 합시다."라고 하자 이해 못하겠다는 듯한 눈길로 나를 쳐다본 기억이 났다.

아동철학연구소에서 이 문제를 토론주제로 삼아 그 여교수와의 대화 내용을 소개하고 다른 사람들의 의견을 물었다. 나의 얘기를 듣고 난 Lipman박사는 이렇게 말했다.

"이박사가 이상하다고 생각해요."

"왜요?"

"사과할 일이 생길 때마다 사과표시를 반드시 하는 것이 서양문화코드이니까요."

"똑같은 상황인데도 계속 똑같은 말을 반복해야 한단 말입니까?"

"그래요. 그런데 동양인은 서양의 그런 문화코드를 잘 몰라 오해를 산다는 것을 내가 잘 알고 있어요. 이 연구소를 다녀간 동양인 학자들이 상당히 많았는데 그분들과의 토론에서 동서양문화의 그런 차이를 논한 적이 있어요. 그때 논의된 내용을 바탕으로 하여 이 박사의 얘기가 이상하게 여겨지는 이유를 설명하지요.

립만 박사가 나에게 얘기한 내용은 대충 이렇다. 서양문화는 소위 '저맥락 문화(low context culture)'이므로 한번 설정된 상황의 효력이 바로 끝난다. 그래서 그 영국인은 조금 전에 '미안해요.'라고 말했던 상황의 효력이 그 순간에 끝난 걸로 봤기에 다시 그런 실수를 했을 때 새로 사과

표시를 한 것이었다. 그런데 '고 맥락 문화(high context culture)'인 한국에서 살아온 필자는 같은 상황이 지속되고 있다고 보기 때문에 같은 예절이 반복되는 것을 귀찮게 여겼다. 고 맥락 문화에서는 부부가 결혼식장에서 일생동안 고락을 같이 하기로 약속하여 현재같이 살고 있으면 같은 상황이 지속되고 있으므로 "사랑한다."는 말을 매일 말로 표현할 필요가 없다. 그래서 동양인은 서양부부들이 사랑한다는 말을 늘 입에 달고 사는 것을 보고 호들갑스럽다고 생각한다. 그러나 서양인은 어제와 오늘, 아까와 지금은 상황이 다르다고 보기에 수시로 변하는 상황에 맞는 반응을 보여야 한다.

'고 맥락 문화'인 한국문화에서는 말을 통한 의사소통보다 이심전심 의사소통(telepathic communication)에 의존하는 편이다. 이와 관련된 일화 한 토막을 전한다. 천주교회에서는 부부간에 대화 부족으로 가정불화가 자주 일어나는 일이 많다는 데 착안하여 부부연찬회(ME)라는 교육프로그램을 개발했다. 그 연찬회에서 지도신부님이 부부들에게 진솔한 대화의 방법을 충분히 설명해주고 나서 부부들에게 각자 방으로 돌아가 대화할 시간을 주었다. 그 후 각 부부가 무슨 대화를 어떻게 나누었는지 보고하게 했다. 그런데 어떤 한 부부는 서로 상대를 쳐다보며 아무 말을 않기에 신부님이 왜 그러느냐고 물었단다. 그러자 그중 부인이, "저 양반이 방에 들어가자 말자, '당신 내 맘 잘 알지?'라고 말하고는 혼자 잠에 곯아떨어졌어요."라고 하여 폭소를 자아내었다는 이야기였다.

텔레파시 의사소통에 실패한 한국인 부부가 쌓인 불만을 엉뚱한 데서 폭발시킨 일화가 있다. 한인관광객 80여 명이 두 대의 버스에 나누어 타고 미국서부지역 관광길에 올랐다. 3일째에 그랜드캐니언에 도착했을 때 가이드가, "여기서 50분간의 자유 관광시간을 드립니다. 경내는 10분이면 한 바퀴 돌 정도로 좁고 위험하니 혼자 다니지 말고 꼭 일행과 같이 다니기 바랍니다. 한 분이라도 늦게 와 일정에 차질이 생기면 안 됩니다. 3시 20분에 출발하도록 시간엄수하세요." 이윽고 출발시간이 다가오자 가이드가 인원 점검을 했는데, 한 부인이 나타나지 않았다. 이상하게도 그녀의 남편이 부인의 행방을 모른다고 했다. 전원이 차에서 내려 경내를 한 바퀴 돌며 구석구석을 뒤졌는데도 찾을 길이 없었다. 가이드는 추락 가능성에 무게를 두고 구급센터에 연락하려는 순간에 그녀가 불쑥 나타났다. 모두 놀라 도대체 어디 있었느냐고 묻자 그녀는 정시에 주차장에 왔는데 아무도 없어 찾아다녔다고 변명했다. 말도 안 되는 변명을 들은 여행객 중에 그 문제부부가 거기 오기 바로 전에 들렀던 콜로라도 강 휴양지에서 티격태격한 일을 기억했다. 사람들이 여기저기서 사진을 찍고 있을 때 문제의 부부 중 남편이 다른 부인들의 사진을 찍어주고 있는 광경을 보고 달려온 부인이 포즈를 취하며, "여보, 여기요!"라고 소리쳤다. 그러나 남편이 아내를 거들떠보지도 않고, "당신은 아직 멀었어."라고 했단다. 그때 표정이 돌변한 부인이 무슨 일을 저지를 것 같다는 예감이 들었단다. 그녀는 세계적인 명승지 그랜드캐니언에서 일대복수극을 펼칠 작전을 세운 듯했다. 화장실에 숨어서 남편이 일그러진 얼굴로 후회하는 모습을 상상하며 회심의 미소를 짓는 그녀의 모습은 옛날 남편에게 구박받던 아내가 시댁 감나무에 목을 맴으로써 한풀이를 한 전통을 계승한 사례라 여겨진다.

6 "남녀칠세부동석" 문화와 "남녀칠세지남철" 문화

필자가 20대 햇병아리교사로 시골고등학교에서 고3 담임을 맡았을 때 학생을 제적시킨 일이 있었다. 그 학생을 제적시킨 사유는 어떤 처녀와의 풋사랑에 빠져 공부를 멀리하고 수시로 결석과 무단 조퇴를 일삼는다는 것이었다. 그때는 학생시절에 이성에 한눈을 팔면 인간말자취급을 받던 때라 그 학생과 학부모는 별 이의 없이 제적 조처를 받아들였고 담임인 필자도 당연한 조처를 취한 양 생각했다. 그러나 많은 세월이 지난 후 그 학생의 동기생을 만나 그 제적당한 사람에 관한 후일담을 듣고 내가 20대 때 경직된 사고방식으로 학생을 제적한 일이 후회되었다. 그 사람은 고3 때 제적된 후 즉시 결혼하여 여러 아들을 두었는데 그 아들들이 부전자전으로 일찍 사랑에 빠져 조혼해서 이미 40대 때에 손자를 여럿 두어 지역사회인구를 늘리는 데 이바지하고 있다고 했다.

그 후 필자가 서양 문화권에 가서 체류하면서 서양학교에서는 자유로운 남녀교제를 권장하고 있음을 보고 내가 우리나라의 '남녀칠세부동석'

문화코드에 너무 집착하여 학생과 자식에게 경직된 남녀교제 룰을 강요했다는 생각을 하게 되었다. 그리고 '남녀칠세부동석' 문화의 뿌리에 대해 깊이 생각해보게 되었다. '남녀칠세부동석'이란 말은 남과 여는 결혼을 통해 자식을 갖기 위한 목적 이외에는 육체적 접촉을 금기시하는 유교적 계율에서 비롯된 것이다. 유교문화권에서는 부부가 결혼을 한 후에도 남자는 사랑방거처, 여자는 안방거처라는 관행을 따랐다. 이런 유교도덕률은 따지고 보면 남녀의 자연발생적인 애정을 방해하는 비인도적인 계율이라 아니 할 수가 없다. 이런 비인도적인 계율이 낳은 바람직하지 않은 관행이 첩문화이다. 이사벨라 버드 비숍 여사가 한국에 처음 와서 느낀 소감 중에 "한국남자들은 결혼은 아내와 하고 사랑은 첩과 한다."라고 한 말이 유교문화에서 상류층의 이율배반적인 행동의 정곡을 찌른 말이다. 남녀 간의 자연스런 애정의 결과로 생긴 첩의 자식이 정통자식으로 인정받지 못한 관습 또한 이율배반적이다. 오늘날 한국이 세계에서 러브호텔이 가장 많은 나라라는 오명을 갖게 된 것도 조선조 유교문화에서 생긴 '부인 따로, 애인 따로' 관행의 잔재라 볼 수 있다. 어떤 영어권나라 출신 원어민여교사가 한국에서 몇 년 살고 난 후에 한 말이 생각난다. "한국의 음식점에서 두 남녀가 다정하게 대화를 나누고 있으면 부부가 아니라는 증거다."라고 한 그녀의 말은 부부간의 애정표현에 무덤덤한 한국인들을 꼬집은 말이다. 미국에서는 부부가 손잡고 다정한 눈길을 주고받으며 걷지 않고 앞뒤로 떨어져 각기 제팔 따로 흔들며 걷는 모습을 보면 "저 사람들은 지금 법정에 이혼수속을 하러 가나 봐"라고 말한다.

필자는 필생의 친구인 Y교수에게 '속정'이라는 아호를 지어주었다.

그에게 그런 별스런 아호를 지어준 사연은 이렇다. 해외유학이 그리 흔하지 않던 80년대 초에 그는 가족을 한국에 두고 2년 간 미국에서 유학을 하고 돌아왔다. 친한 친구 몇 쌍이 그의 부인을 따라 그 친구의 귀국을 환영하러 김포공항에 나갔다. 마침내 도착출구로 나오는 그의 모습이 보이자 서로 손을 흔들며 달려가 차례로 얼싸안고 인사를 나누었다. 그러고 나서 맨 마지막에 남은 부인을 보더니 그 친구는 "어머님 잘 계셔?"라는 무미건조한 한 마디 말로 인사를 대신했다. 그걸 본 친구들이 각자 한 마디 씩 했다. "영어를 전공한다는 사람이 영어권나라에 가서 그만큼 살다 왔으면 뭔가 달라져야지, 부인에게 인사하는 방식이 그게 뭐야?"라는 핀잔일색이었다. 그런 핀잔을 한참 듣고 난 그 친구가 하는 말이 걸작이었다. "어허! 매일같이 사랑한다고 호들갑떨다가 어느 날 갑자기 남남이 되는 서양 놈들 본볼 것 하나도 없다. 우리나라처럼 부부간에는 속정이 있어야지." 그 말을 듣고 이 사람은 못 말리겠다 싶어 필자가 '속정'이라는 아호를 지어주었다.

그 친구의 말처럼 서양에서는 부부간에 사랑한다는 말이 끊어지면 바로 이혼 얘기가 나온다. 서양에서 아내가 남편에게 보내는 결별의 편지를 'Mr. John letter'라 한다. John이 남자의 가장 흔한 이름이기 때문에 그렇게 이름붙인 것이다. 영어권나라의 남편들이 아내에게 애정표현에 신경을 그렇게 많이 쓰는 이유는 Mr. John letter를 염라대왕의 소환장만큼이나 겁내기 때문이다. 필자와 동갑인 필자의 큰 처남은 70년대 중반에 미국으로 이민 가서 40년가량 시카고에 살고 있다. 그들이 이민 간지 10년쯤 되었을 때 내가 그의 집을 방문했는데 그때 재미있는 얘기를 들려주었다. 초등학생인 그의 딸이 저희 엄마에게 곧잘 하는 말이 "엄마는 왜 아빠와 자주 다투면서 이혼을 하지 않아요?"였단다. 왜 그런 말을 하는지 물어보니 대답이 재미있었다. 그 딸아이가 학교에서 서양아이들의 얘기를 들어보니 부모가 말다툼을 하면 바로 이혼한다는 것이었다. 그런데 한국부모들은 사랑한다는 말은 한 번도 하지 않고 곧잘 다투면서도 이혼은 왜 안 하는지 정말 궁금해서 물은 것이었다. 한국인은 좋아서 결혼했든, 부모가 맺어주어서 결혼했든, 일단 부부가 된 것은 운명적 만남이라고 생각하는 경향이 있다. 이런 결혼관은 정착농경문화의 소산이다. 이와는 반대로 유목생활을 오래 해온 서양인의 후예는 모든 인간관계는 한시적인 계약관계라 여기는 문화를 형성했다. 부부간의 관계도 한시적인 계약관계라 보기에 이혼을 예사로 여기는 풍토이다.

산문을 시처럼 쓰는 여류수필가 백정혜는 그의 수필선집「훔쳐본 남자」에 실은 "마흔여덟 살의 신부"에서 이혼하여 재혼의 길을 택한 친구에 대해 "부전조개의 이를 억지로 맞추며 살아가기보다는 친구의 이혼은 용기의 소산이었다. 용기 없는 여자는 이혼을 꿈꿀 자격도, 재혼을 실현할 기회도 주어지지 않을 것이므로."(12-13쪽)라는 말로 경직된 결혼관에서 벗어난 세태를 잘 표현하고 있다. 이혼을 용인하는 태도에서 한걸음 더 진화하여 신혼여행에서 다투고 돌아오는 딸에게 "자식새끼 생기기 전에 어서 결별해라."라고 재촉하는 친정어머니가 많다고 한다. 이런 급격한 변화를 보면서 선천역사에서 군림하던 남자가 개벽 후에는 여성의 지배를 받게 된다는 증산도의 예언이 실현되어가고 있는 것이 아닌가 생각되기도 한다.

7 '사랑의 매'는 한국에서만 통하는 교육적 벌일까?

아래 이야기는 이규태의 『한국인의 의식구조』에 소개된 '사랑의 매'에 관련된 일화인데 필자가 재구성한 것이다.

어떤 아버지가 계속 나쁜 행동으로 속을 썩이는 아들을 개과천선시키려고 백방으로 애써보았으나 허사였다. 드디어 그는 아들을 불러 이렇게 말했다, "애야! 너희 할아버지 산소에 가자!"

"왜요?"

"묻지 말고 그냥 따라 오기만 해라!"

산소에 이르자 아버지는 소나무가지 하나를 꺾어 회초리로 만들어 아들에게로 다가갔다. 아버지의 이상한 행동을 보고 겁에 질린 아들이 뒷걸음질 쳤다. 그러나 아버지는 회초리를 아들에게 넘겨주고 자기 아버지 무덤 앞에 섰다. 그리고는 무덤을 향해 "아버님! 소자가 아버님에게 벌 받으러 왔습니다. 아버님께서는 저에게 착한 행동을 하도록 가르치셨습니다. 그러나 슬프게도 소자는 저 자식 놈을 아버님처럼 잘 기르지 못했습니다. 소자가 애비노릇을 제대로 못했으니 소자에게 매질을 해주소서!"

아버지는 그의 바지를 무릎까지 걷어 올렸다. 그리고는 그의 아들에게로 향하여 근엄하게 말했다, "자, 내 종아리를 쳐라!"

그러나 아들은 꼼짝도 하지 않았다. 그의 아버지는 더욱 근엄한 목소리로 말했다, "내 종아리를 어서 치란 말이야! 안 들려?"

마침내 아들은 아버지 앞에 무릎을 꿇고 흐느껴 울었다. 한참 울고 나더니 그는 아버지를 올려쳐다보며 말했다, "아버지! 용서해주십시오! 제가 행동을 고치겠습니다. 할아버지 앞에서 제가 약속드리겠습니다."

그렇게 말하며 아들이 그의 바지를 걷어 올렸다. 아들은 아버지에게 매를 건네주고는 부드러운 목소리로 이렇게 말했다, "아버지! 저의 종아리를 때려주십시오!"

아버지는 꼼짝도 하지 않았다. 아들은 아버지에게 더욱 부드러운 목소리로 말했다, "아버지, 부디 저에게 세 대만 따끔하게 매질을 해 주시어 제가 이 일을 영원히 잊지 않게 해주십시오!"

아버지는 고개를 끄떡이고는 아들의 종아리를 세 번 따끔하게 때렸다. 그리고는 그의 손바닥을 펴서 아들의 종아리를 문질러주었다.

한자문화권 사람들은 '사랑의 매'라는 말의 의미가 바로 가슴에 와 닿는다. '가르칠 교(教)'자는 '효도 효(孝)'자와 '매질할 장(丈)'자가 결합하여 구성된 된 뜻글자이기 때문이다. '교(教)'자의 구성에서 보았듯이 동양에서는 일찍부터 매질이 교육의 한 방편으로 인정되었다. 우리나라 전통교육기관 중 하나였던 서당에 자식을 입학시키려 할 때 아버지가 회초리를 만들어 훈장에게 전하면서 "이 매로 제 자식을 많이 때려주십시오."라고 말했다. 이때 부모가 전하는 매는 훈장이 어떤 체벌을 내려도 감수하겠다는 서약의 징표이다. 훈장이 학동에게 가하는 매질은 학동을 잘되게 하기 위한 교육활동으로 인정되었기에 “사랑의 매”라는 말로 미화되었다. 그 때문에 교직에 종사하는 것을 두고 “교편(敎鞭:가르치는 매)잡는다”라고 표현했다.

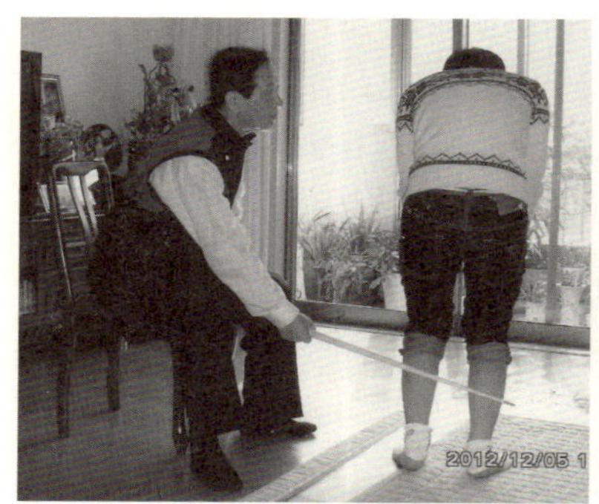

한국에서 필자와 가까이 살고 있는 두 손자가 스스로 사랑의 매를 만들어 와서 잘못하면 때려달라고 하여 실천하는 모습

한국인들은 서양에는 체벌이 전혀 없는 줄로 알지만 서양에도 체벌이 있다. 한국과는 달리 서양에서는 자녀가 부모에게 절대 의존할 나이인 3세 이전에 인간의 기본행동을 가르치기 위해 매를 든다. 그렇게 어린 나이에 매로 길들이는 이유는 부모에게 절대 의존하는 유아기에는 경찰에 고발하지 못할 것이므로 그 시기를 놓치지 말고 야생마 기질을 꺾어야 한다는 생각 때문이다. 이때의 체벌은 행동주의교육원리에 따른 것이다. 옳고 그름을 판별할 지적 능력이 없는 애완동물이 밥상에 오르지 못하도록 길들이듯 자녀도 어릴 때 그릇된 행동을 하면 사정없이 매로 때려서 조건반사적 행동습관을 형성시킨다는 것이 행동주의교육방식이다. 북한의 1~3세 유아들이 숟가락을 들 때마다 “위대한 수령님 덕분에 운운”하는 식사예절을 가르치듯 식욕과 관련지어 조건반사적 행동으로

고착시키는 교육방식이다. 서양의 대도시에 집집마다 애완동물을 길러도 개 짖는 소리를 들을 수 없고, 부모 따라 외출하는 유아들이 공공장소에서 칭얼대는 모습을 볼 수 없는 것은 모두 행동주의교육원리에 따른 훈육 때문이다. 개인주의의 전제조건이 남에게 방해를 주지 않은 인간(또는 애완동물)으로 만드는 것임을 여실히 보여주는 증거이다.

이런 서양문화를 모르는 한국부모들은 공부만 잘하면 행동은 어떻든 괜찮다는 생각으로 자식의 야생마기질을 길들이지 않는다. 우리나라의 진보주의정치가들이 가정에서 응석받이로 길러 학교에 보낸 학동들에게 무제한의 자유만 허용한 결과 학교교육이 무너지게 되었다. 이 철부지 교육자들은 개인주의의 전제조건인 “남에게 방해를 주지 않은 인간”으로 만들 대책은 없이 무한 자유만 허용함으로써 우리교육을 망쳐놓았다. 우리 민족의 혼이 담긴 ‘사랑의 매’를 무조건 철폐할 것이 아니라 사랑의 매의 성스런 의미를 제대로 알고 실천하는 교육자와 사랑의 매를 갈망하는 피교육자에게는 허용해야 한다. 그런 교육자와 피교육자가 어디 있느냐고 반문할 사람들에게 들려줄 얘기가 있다. 자랑스러운 글로벌 한인1호 수상자인 신호범 박사는 자서전에서 10대 중반에 미국 가정에 입양된 한국아이의 얘기를 전했다. 나이가 너무 들어 입양된 그 애가 적응에 문제가 없는지 물어보았더니 그는 “양부께서 잘 해주시지만 친자식과 차별대우를 하는 것이 섭섭합니다.”라고 했다. “어떤 점에서 차별대우를 하는데?”라고 물으니 “친자식은 말을 안 들으면 매질을 하면서 저에게는 매질을 안 해요.”라고 하더란다. 이 말을 그의 양부에게 그대로 전해주었다. 그러고 나서 얼마 후에 그를 만났을 때, 그가 달려와

"신 박사님, 우리 집에 무슨 일이 일어났는지 얘기할까요. 제가 아버지한테 드디어 매를 맞았어요. 허허, 매를 맞았다니까요."라며 좋아하더란다. 이 일화는 미국에서도 사랑의 매를 실천하는 사람이 있고 사랑의 매를 갈망하는 사람도 있다는 것을 말해주는 증거가 된다. 필자의 두 손자는 스스로 도달목표를 정해놓고 달성하지 못하면 할아버지에게 매를 맞겠다며 회초리를 맡겨놓고 있다.

8 프라이버시를 중시하는 서양과 프라이버시를 깨는 한국

일찍이 우리나라를 방문하여 여행기를 남긴 비숍여사, 펄 벅 여사 같은 친한파 서양인조차도 한국인이 외국인에게 보이는 무한 호기심에 대해서는 몸서리를 쳤다, 한국인의 이런 못 말리는 호기심은 으늘날에도 변함이 없어 외국인에게 불쾌감을 주고 있다. 샐리라는 원어민 강사는 한국의 어떤 시골 중학교에서 근무하게 되었는데 한국생활에 적응하느라 상당기간 애를 먹었다. 그녀에게 가장 곤욕스러운 일은 주변사람들로부터 계속 받는 질문에 답하는 일이었다. 근무할 학교 교장과의 첫 대면에서 교장은, "아직 결혼 안 했어요? 그럼, 평생 혼자 살 작정입니까?"라고 물었다. 그런 질문은 서양여자들이 가장 싫어하는 질문이었다. 첫 수업시간에 학생들로부터, "결혼했어요? 이성과 사랑해본 적이 있어요? 어떤 류의 남자를 좋아하세요?" 와 같은 질문 세례를 농담으로 받아넘기느라 곤욕을 치러야 했다.

그녀는 학교바깥에서도 그런 질문공세로부터 안전할 수가 없었다. 어느 휴일 그녀가 쉬고 있을 때, 누군가가 초인종을 울렸다. 그녀는 답하고 싶지 않았지만 다시 한 번 생각해보고 문을 열었다. 어떤 부인이 쟁반에 뭘 담아 들고 서 있었다. 바로 옆 집 부인이었다. 그 부인은, "제가 좀 친해지고 싶어서 댁을 방문했어요. 들어가도 됩니까?"라고 더듬거리는 영어로 물었다. 그리고는 대답을 기다리지도 않고 어느새 거실로 들어섰다. 그 부인은 쟁반을 식탁 위에 놓으며, "이 떡 방금 만든 것이에요. 맛보세요."라며 권했다. 그러고는 옷걸이에 걸린 샐리의 밤 드레스를 보더니, "저 드레스 정말 멋있군요. 어디서 샀어요? 얼마 주었어요?"와 같은 질문을 마구 해댔다.

호주여행중에 동행자들과 동양문화의 특징인 집단주의와 프라이버시 무시 관행에 대해 얘기를 나누는 장면

마침내 샐리는 나이가 지긋한 한국인 영어교사에게 상담을 했다. 그 한국인 여교사는 1년간 미국에서 공부한 적이 있는 강 선생이었다. 샐리는 그녀에게, "제가 언제까지 이 시련을 참고 견뎌야 할까요?"라고 물었다.

"무슨 시련 말입니까?"

"잦은 사생활침범 말입니다. 그 말 말고 달리 표현할 말이 있을까요?"

"그게 선생님에게는 시련일지 몰라도 한국인에게는 이웃사람에 대한 통과의례입니다."

"무슨 말씀인지 이해가 잘 안되는데요."

"한국인은 낯선 사람이 자기 주변에 오면 반드시 나이, 결혼 여부, 성씨, 고향 등을 물어요. 그런 정보가 그를 어떻게 대해야 할지 결정하는데 꼭 필요하거든요."

"그런 정보가 왜 필요합니까?"

"우리 한국인은 나이가 더 많은 사람에게는 존대어를 써야 합니다. 그러나 손아래 사람에게는 그런 격식을 덜 지킵니다. 우리가 그런 예절을 무시하면 무례하다는 평을 받게 됩니다."

"그럼, 결혼 여부는 왜 알아야 합니까?"

"그건 특히 여성을 호칭할 때 반드시 알아야 할 인적 사항이지요. 결혼 여부에 따라 미스나 미시스로 구분하여 호칭해야 하니까요. 그걸 무시하면, 결례가 되니까요."

"그럼, 성씨는요?"

"성씨도 상대를 어떻게 호칭해야 할지 정하는데 필수 항목이지요. 만약 상대가 자기와 같은 성씨일 경우, 인척 관계를 확인하기 위해 더 자세한 질문을 해야 합니다. 친척임이 밝혀지면, 촌수와 항렬을 밝혀야 합니다. 만약 그 예절을 무시하면 친척들에게 야단맞습니다."

"그럼, 고향은요?"

"한국인에게 고향은 마음의 뿌리입니다. 우리 조상은 전통적으로 벼농사에 의존해서 살아온 때문에 한 곳에서 대대로 정착해왔고, 그 때문에 고향사람은 친척과 다름없어요. 그래서 동향인을 제대로 대접하지 않았다가는 고향에서 따돌림 받아요."

"듣고 보니 한국은 정말 복잡한 인간관계에 바탕을 두고 있군요."

"맞아요. 한국인에게는 인간관계가 가장 중요해요. 그러기에 인간 간의 벽을 허물기 위해 자꾸 접근하는 것이지요."

"인간 간의 벽을 왜 허물어야 하는데요?"

"소외에서 벗어나기 위해서지요. 내가 미국에 체류하면서 살펴보니 소외로 고통 받는 미국인이 너무 많더군요."

"저는 소외는 참고 살 수 있어도 사생활침해는 참고 살 수 없는 걸요."

"미국인들이 사생활 침해를 못 견디듯이, 우리 한국인은 소외를 참지 못해요. 한국인들이 마음의 벽을 허물려고 다가오거든 받아들이려고 노력해 봐요. 그래야 이 사회와 혼연일체가 됩니다. 집단주의문화에서 집단과 혼연일체가 되어야 원만한 사회생활을 할 수 있거든요."

그 말에 그녀는 그냥 어깨만 으쓱하고 말 뿐이었다.

서양에서는 산책길에서 생면부지의 사람에게 "하이!"라고 말하거나 아니면 적어도 미소라도 지으며 아는 체를 하는 것이 기본예절이다. 한번은 뉴욕 맨해튼의 Grand Central Park을 산책하던 필자는 무심코 큰 소리로 재채기를 했다. 그런데 저만치 떨어져서 산책하던 어떤 노신사가 큰 소리로 "God bless you!"라고 말했다. 처음에는 내가 공중장소에서 너무 큰 소리로 재채기를 했다고 불평하는가 싶었는데 알고 본즉 그게 서양의 보편예절이었다. 그런 관습에 익숙해질 무렵에 한국에 돌아와 잘 모르는 이웃사람에게 인사말을 건네다가 “댁이 누구신데 저에게 아는 체를 하십니까?”라는 반응을 보여 나를 무안하게 한 때가 있었다. 서양인들이 낯모르는 사람에게 인사말을 건네는 심리는 모르는 사람끼리 부딪치지 않도록 하는 완충목적에서이고 정 중심문화인 한국에서는 벽을 허물기 위해 사생활비밀 따위는 아랑곳없이 무한 관심을 보인다. 그러나 글로벌 시대에는 한국인들의 남에 대한 무한 관심도 좀 세련되게 표현되어야 할 텐데…….

9 한국인의 과잉교육열이 국제사회에 웃음거리가 된 사건

필자가 2001년도에 뉴질랜드에 체류할 때 현지 한인에게서 들은 '슬픈 기러기 아빠 얘기'가 아직도 기억에 생생하다. 그 슬픈 얘기를 다시 전하는 뜻은 우리나라의 비뚠 교육열이 가정을 파괴시키고 나라의 경제를 거덜 나게 하는 일이 아직도 있기에 이 얘기의 주인공을 반면교사로 삼으라는 취지에서이다. 필자에게 "형님"이라 부르며 이야기를 전한 양일규라는 사람은 경남에서 영어교사를 하다가 뉴질랜드로 이민해서 오클랜드 인근에 있는 어떤 작은 도시의 한인회장을 맡고 있던 분이다.

양일규 선생은 나를 만나자말자 얘기하고 싶어 못 참겠다는 듯, "형님! '애듀 맘'이란 말 아십니까?"

"아, 그거 맹모와 비슷한 뜻 아닙니까?"

"맞습니다. 그러나 그 말이 여기 뉴질랜드 한인사회에서는 나쁜 의미를 갖게 되었어요. 음은 같으면서 뜻이 다른 '눈멀 맹(盲)'자로 비꼬아 말하거든요. 그러니 눈먼 엄마라는 뜻이지요."

"왜 그들을 나쁘게만 보세요? 자기들 딴은 똑똑한 사람들인데."

"그들은 숲에 있는 새를 잡기 위해 손 안에 든 새를 놓치는 바보들이거든요. 한국에서 최고로 행복하게 살 조건을 갖춘 여인네들이 스스로 복을 차 던지고 외국에 나와 불행을 자초하니 바보, 멍청이, 얼간이, 천치, 등신, 팔푼이……."

"잠깐! 이야기가 비약이 심해서 감을 못 잡겠는데요."

"그럼 깨놓고 얘기하지요. 2년 전에 한국에 있는 친구한테서 편지 한 통을 받았습니다. 저의 고등학교 동기생이었어요. 부산에서 개업의로 잘 나갔지요. 우리 동기생들은 모두 그를 부러워했어요. 그런데 그 친구가 나에게 뉴질랜드에 와 있는 자기 아내의 행동을 염탐해 달라는 부탁을 한 것입니다."

"그래서요?"

"그래서 저는 그 짓을 할 수 없다고 잘라 말했습니다. 그러나 그는 매일 전화를 걸어왔어요. 한번 전화를 걸면 한 시간 이상 자기 넋두리를 늘어놓아요. 전화로 전해져 오는 그의 음성은 알코올로 젖어있고 어투는 한숨으로 얼룩져 있었어요. 제 처는 한밤중에 걸려오는 그 친구의 심야 전화로 노이로제에 걸릴 정도였어요."

"그래서, 어떻게 됐어요?"

"제 대신에 그 친구 부인의 뒷조사를 떠맡은 사람의 말에 의하면 그 의사의 아내는 남자 친구가 셋이나 있더랍니다. 하나는 골프선생이고, 또 하나는 영어학원 강사이고, 나머지 하나는 아들 학교의 남자 카운슬러였어요."

"남편에게 그 얘기가 다 전해졌어요?"

"대충 전해졌대요. 드디어 남편이 아내와 결판을 지으러 뉴질랜드로 왔어요. 그런데, 그에게 첫 번째로 충격을 준 것은 그의 아내가 남자친구가 셋이나 있다는 소문에 대해 부인하지 않은 것이었어요. 그의 아내는, "예, 맞아요. 저는 가끔 골프선생과 점심을 같이 먹어요. 그게 뭐 잘못된 겁니까? 당신도 병원에서 간호사들과 식사를 같이 하잖아요? 때로는 영어를 배우기 위해 어학원의 강사와 커피숍에서 만났어요. 아시다시피 그게 영어를 배우는 최선의 방법이거든요. 또 우리 아들의 학교 카운슬러와는 매주 한번 꼴로 만나 애가 학교에서 잘 해나가고 있는지 점검했어요. 제 딴은 자식교육을 위해 최선을 다했는데 칭찬은커녕 이렇게 추궁하다니 어찌 이럴 수가 있어요?"

그 뒷얘기를 더 듣고 싶지 않아 딴전을 피우는 필자에게 양일규 선생은 이렇게 말했다. "그 친구는 알코올중독이 더 심해져서 마침내 간암으로 죽고 말았어요. 그런데 한국에서 조기유학 온 학생 중에 그런 유의 국제미아가 한둘이 아닌데 어떻게 선도하면 좋을까요?"라고 말했다. 그때 필자에게 떠오르는 영어단편소설이 하나 있었다. 그건 *Child Development through Literature*라는 책에 실린 Frank O'Conner의 "My Oedipus Complex"이었다. 그 단편소설의 줄거리를 다 얘기해주려니 너무 시간이 많이 걸릴 것 같아 하이라이트만 얘기하기로 한다. 아빠가 2차 대전에 참전하는 동안에 엄마와 한 침대에서 같이 자는 버릇이 든 3살짜리 사내아이 래리는 아빠가 전쟁이 끝나 집으로 돌아오자 딴방으로 밀려났다. 졸지에 엄마의 따뜻한 품에서 밀려난 래리는 혼자 싸늘한 자기 침대에서 울다가 자다가 하면서 밤을 지새웠다. 그러다가 이른 아침에 창이 밝아오자 이제는 엄마 곁에 가도 되겠지 싶어 달려가서 엄마와 아빠 사이에 끼어들었다. 그러자 아빠뿐 아니라 엄마까지 질색하여 래리에게 야단을 쳤다. 다시 쫓겨난 래리는 자기 침대에 꿇어 앉아 "하나님, 다시 전쟁이 나서 아빠를 군에 데려가도록 해주세요!"라고 기도했다. 이 모습을 엿본 엄마는 자기가 자식을 너무 오래 품고 키운 탓으로 또래들보다 정신연령이 낮은 미숙아가 되었다고 느끼고 남편과 담합하여 아이의 독립심을 기르는 대책을 세웠다. 그들이 세운 대책은 다름 아니라 자식을 하나 더 낳아 부모의 관심을 분산시키고 두 형제가 부모의 애정을 차지하기 위해 부모기대에 맞게 행동하도록 한다는 것이었다. 그래서 그들 계획대로 아기가 태어났다. 아기가 태어남으로써 엄마에게 칭얼대지도 못하게 된 래리는 혼자 차디찬 침대에서 울다가 잠이 들었다. 그때 시도 때도 없이 울어대는 신생아에게 짜증을 부리던 아빠가 드디어 래리의 방으로 건너와 래리 옆에 누웠다. 래리는 속으로 "나를 쫓아낸 아빠가 자기 차례가 되어 쫓겨났으니 잘 됐군. 이 차디찬 방에서 어린 내가 고독을 어떻게 이겨냈는지 알게 되겠군."이라고 속으로 중얼거렸다. 이때 아빠가 래리를 끌어당겨 그의 팔을 베게 했다. 아빠의 팔을 베고 누운 레리가 잠이 들어 한참을 자고 나니 그의 마음속에 서려있던 서운한 감정이 눈 녹듯 사라지고 없었다. 얘기를 거기서 그친 나는 양일규 씨에게 이렇게 말했다. "서양의 자식교육이 우리나라와는 판이하게 다르다는 것을 알겠지요?"

"예, 서양에서는 사자양육방식을 채택하는데 우리는 캥거루양육방식을 따르니 덩치만 큰 정신미숙아가 양산되지요."라고 말하며 그는 씁쓸한 웃음을 지었다.

10 동양의 집단주의와 서양의 개인주의

나의 필생의 친구 S교장은 대구시내 H 여자중학교교장으로 정년퇴임했는데 그가 서양의 개인주의에 대해 주의 깊게 관찰한 바를 나에게 얘기해주었다. 그의 여자제자 한 사람이 펜팔을 통해 알게 된 영국인과 결혼하여 영국 옥스퍼드 시에 살고 있었는데 두 꼬마 아들을 데리고 한국을 방문하여 옛 스승인 자기를 찾아왔단다. 멀리서 찾아와 준 제자에게 점심대접을 하기 위해 어떤 식당으로 데리고 갔는데 음식을 주문하는데 무려 30분 이상 걸린 얘기를 나에게 다음과 같이 해주었다.

식당에 들어가 무엇을 먹을 것인지 결정하기 위해 먼저 웨이터에게 메뉴판을 가져오라고 했다. 이럴 때 한국 사람들은 어른이 먼저 무엇을 먹겠다고 결정하고 꼬마들에게는 부모가 알아서 무엇을 먹으라고 명령하면 그대로 따르는 것이 일반적이다. 그런데 이들은 전혀 달랐다. 아이들에게 무엇을 먹을 것인지 결정하도록 하기 전에 웨이터에게 중요 메뉴를 하나씩 짚으며 음식재료가 무엇이며 맛의 특징이 어떤지 꼬치꼬치 물어 생 땀을 흘리게 했다. 영어를 잘 모르는 웨이터가 우리말로 뭐라고 설명을 하면 애들 엄마가 통역을 해주느라 애를 먹는데도 애들은 엄마에게 대충 알아서 결정하라고 일임하지 않고 끝까지 묻고 되물어 겨우 한 아이가 결정을 했다. 그러면 둘째 아이는 형이 결정한대로 따를 줄 알았는데 그게 아니었다. 이 애는 자기 식성에 맞는 메뉴를 고르느라 또 한참 동안 웨이터를 괴롭혔다. 그렇게 하여 겨우 결정을 보아 웨이터를 보냈는데 두 아이가 자기네들의 결정에 대해 다시 토론을 하더니 동생이 메뉴를 바꾸겠다고 했다. 할 수 없이 교장이 웨이터에게 가서 영국인들의 관습에 대해 설명을 하여 겨우 메뉴를 바꾸었단다. 그런데 이상한 것은 그 애 엄마가 한국에서 자라 한국의 관습을 알 터인데 아이들의 까다로운 메뉴 선택과정을 지켜보며 각자가 후회 없는 선택을 하도록 오히려 부추겨주는 것이었다. 그런 별스런 행동 때문에 그들은 식당의 종업원과 고객들의 재미있는 구경거리가 되었다.

식사예절에서 서양식 개인배식관행과 한국식 집단배식관행에 대해 얘기를 나누는 장면(유럽 여행중 오스트리아 비엔나에서)

이와는 정반대의 예를 소개한다. 1995년도에 우리 부부가 영국에 체류할 때, 우리를 방문한 누님과 자형 내외분을 모시고 파리여행을 할 때였다. 5일간의 여행 중에 하루는 파리 상제리제 거리의 어떤 음식점에 들어갔다. 식탁에 앉자말자 각자 택할 메뉴를 주문받으려고 웨이터가 적을 준비를 단단히 하고 나타나 한 사람씩 묻기 시작했다. 나이보다 성별에 따라 우선순위를 정하는 서양관행에 따라 먼저 누님에게 메뉴를 정하라고 했다. 그러자 누님은 나를 가리키면서 "저 사람이 택하는 대로"라는 의사표시를 했다. 그 다음으로 지목받은 아내도 똑 같은 시늉을 했다. 그 다음으로 지목받은 자형 역시 똑 같은 방식으로 나에게 일임시켰다. 이럴 때 메뉴를 결정하는 내 나름의 방식이 있다. 다름 아니라 대충 네 사람의 취향을 고려해서 네 가지 음식을 주문하여 식탁 가운데 놓고 마음대로 먹게 하는 방식이다. 웨이터는 너무나 간단히 끝나는 메뉴결정에 의아해하며 돌아갔다. 한참 후에 준비된 요리쟁반을 가져와서는 쟁반마다 누구 앞에 놓을지 물을 때 나는 아무 말 없이 받아서 가운데 놓고 네 것 내 것 가릴 것 없이 떠먹기 시작했다. 그걸 보고 웨이터는 웃음을 도저히 못 참겠다는 듯 입을 가리며 달아났다. 곧 우리는 식당의 모든 종업원과 고객들의 재미있는 구경거리가 되었다.

위의 두 이야기는 서양의 개인주의와 동양의 집단주의의 전형적인 행동방식을 극명하게 나타내고 있다. 여기서는 음식점에서 메뉴 정하는 문제만 갖고 얘기했을 뿐이지만 실제로는 우리 삶의 전반적인 문제에서 동양인은 집단주의적인 경향을, 서양인은 개인주의적인 경향을 띄고 있음을 볼 수 있다. 예를 몇 가지 더 들어본다. 주소를 쓸 때 동양에서는 광역지역에서 소지역으로 좁혀가서 마지막에 개인 집 번지와 이름을 적는데, 서양은 그와 반대이다. 성과 이름을 댈 때도 동양인들은 성씨를 앞에 넣고 개인이름을 뒤에 붙이는데, 서양에서는 그와 반대이다. 배식할 때도 집단문화에서는 주식(밥)만 따로 주고, 부식(반찬)은 대개 공동 그릇에 담아 주는데 개인주의 문화에서는 철저히 개인배식을 한다. 단체가 음식점에서 메뉴를 정하는데도 동양인은 개인의사를 별로 고려하지 않고 집단의 상위자가 정하는 대로 통일하는 경향이 있는데, 서양인은 철저히 개인취향에 따라 결정한다. 진로선택은 물론 심지어 배우자선택에 있어서도 집단주의사회에서는 본인의 의사 못지않게 가족이나 가문의 기대를 고려하는데, 개인주의 사회에서는 개인의 의지가 절대적으로 작용한다. 또 회의에서나 선거에서 집단주의사회에서는 집단의 정서에 따라 투표를 하는데 개인주의 사회에서는 개인의 판단과 신념에 따라 투표를 한다. 그러기에 동양문화를 '우리주의(we-ism)'라 하고 서양문화를 '나주의'(me-ism)이라 한다.

그럼 동양에서는 왜 집단주의문화가 발달하고 서양에서는 왜 개인주의문화가 발생하게 되었는지 얘기해보기로 한다. 동양은 대체로 몬순기후지역이라 벼농사위주의 정착농경생활을 주로 해왔다. 정착농경민족은 한 지역에 오래 살수록 이익이 되고 서로 가까이 밀집해 살면서 협업을 해야 도움이 되므로 집단주의문화가 발달하기 마련이었다. 곡식농사보다는 유목에 주로 의존했던 서양에서는 개인주의가 발달할 수밖에 없었다. 짐승은 움직이기 때문에 친척끼리도 가까이서 유목을 하면 시비가 벌어지기 쉬우므로 형제간에도 서로 멀리 떨어져 각자 영역을 넓혀가기를 바랐다. 유목문화에서 막내우선상속관습이 생긴 이유는 먼저 독립해 나간 자식들이 멀리 옮겨가 혈연과 영영 못 만나게 되는 경우가 많았기 때문이다. 그래서 서양에는 동양에서만큼 복잡한 촌수를 표현하는 말이 개발되어 있지 않고 혈연간에 상호 의존하는 경향도 적다. 또 개인이 살아가는 과정에서 맺게 되는 인간관계도 영원한 관계로 여기기보다 한시적인 계약관계로 여기는 경향이 강하다. 그래서 서양에서는 부부관계도 동양에서처럼 숙명적 혹은 운명적 관계로 여기기보다 한시적 계약관계로 보는 편이다. 또 서양인의 'Dutch pay(자기 몫만 지불하는 관행)'도 떠돌이 유목생활에서 언제 다시 만날지 기약할 수 없는 사람끼리 순간적으로 식사나 술자리를 같이 하게 될 경우에 가장 합리적인 관행이라 볼 수 있다.

❙ 참고문헌 ❙

■ 국내저술

강석희. 『유리천장 그 너머』 올림출판사, 2006.

강영우. 『오늘의 도전은 내일의 영광』 생명의 말씀사, 2009

강준만. 『특별한 나라 대한민국』 인물과 사상사, 2011

경상대학교인문학연구소. 『동북아문화의 과거와 현재』 도서출판 박이정, 2008.

규장각한국학연구원. 『세상 사람의 조선여행』 글항아리, 2012.

김상훈. 『통세계사』 다실에듀, 2009

김재수. 『한국음식 세계인의 식탁으로』 백산출판사, 2006.

김재수. 『미국농업정책과 한국농업의 미래』 백산출판사. 2005.

김재수. 『식품산업의 현재와 미래』 백산출판사, 2007.

김지하. 『남조선 뱃노래』 자음과 모음, 1985.

김창준. 『흔들어라 나는 희망을 놓지 않는다』 옥당, 2010.

김해옥. 『외국인을 위한 한국문화읽기』 에피스테메, 2010.

매일경제한류본색프로젝트팀. 『한류본색』 M Print, 2012.

박희권. 『문화적 혼혈인간』 에스 엠 북, 2010.

박준형. 『크로스 컬처』 바이북스, 2010.

백정혜. 『훔쳐본 남자』 북랜드. 2005.

송길호 외. 『세계경재권력지도』 어바웃어북, 2012.

신호범. 『공부도둑놈 희망의 선생님』 웅진출판, 1999.

월간조선. 『대한민국과 글로벌스탠더드』 월간조선. 2010: 4월

이규태.『서양인의 의식구조』 신원문화사. 1993.
이규태.『한국인의 의식구조』 신원문화사, 1993.
이도수.『동서양 문화의 만남』 인터비전, 2009.
이도수.『문화자료를 활용한 영어교육』 인터비전, 2006.
이도수.『동서문화기행』 인터비전, 2006.
이도수.『문학과 문화이야기』 인터비전, 2006.
이도수.『참스승 원암 이규동』 글 누림, 2007.
이상업.「일본문화와 그 마음」 도서출판 보고사, 1999.
이석호.『서양윤리사상사』 철학과 현실사, 2010.
이영탁.『미래와 세상』 미래를 소유한 사람들. 2010.
이영탁.『이정구』 미래를 소유한 사람들. 2012.
EBS동과서 제작팀.『동과서(東과 西)』 지식채널. 2008.
조두진.『북성로의 밤』
하영선.『역사속의 젊은 그들』 을유문화사, 2011.
한국문화인류학회.『처음 만나는 문화인류학』 일조각, 2003.

■ **외국저술번역**

대런 애쓰모글루, 제임스 A. 로빈슨. 최완규 옮김.「국가는 왜 실패하는가」 시공사, 2012.
도미니크 모이시, 유경희 옮김.『감정의 지정학』 랜덤하우스 코리아, 2010.
랑 셴핑. 이지은 옮김.『부자중국 가난한 중국인』 미래의 창, 2011.
롤프 데겐, 박규호 옮김.『악의 종말. 현문미디어』 2010.
마르코폴로. 배진영 옮김.『동방견문록』 서해문집, 2004.
미야자키 마사카츠. 오근영 옮김.『숨겨진 세계사』 랜덤하우스. 2002.

베니야마. 서상원 옮김. 『유럽에 빠지는 즐거운 유혹』 스타북스, 2006.
아이클 샌델. 이창신 옮김. 『정의란 무엇인가』 김영사, 2010.
새뮤얼 헌팅턴. 소순창, 김찬동 옮김. 『문명의 충돌과 21세기 일본의 선택』 김영사, 2001.
위치우위, 유소영 옮김. 『중화를 찾아서』. 미래 M&B, 2010.
이사벨라 버드 비숍. 김태성, 박종숙 옮김,『양자강을 가로질러 중국을 보다』. 효형출판사, 1993.
이사벨라 버드 비숍. 이 인화 옮김. 『한국과 그 이웃나라들』 도서출판 살림, 1994.
이케다 다이사쿠. 『감사합니다, 한국』 조선뉴스프레스, 2012.
제럴딘 브룩스, 황성현 옮김. 『이슬람여성의 숨겨진 욕망』 뜨인돌, 2011.
E. H. 카, 김택현 옮김. 『역사란 무엇인가』 까치, 1997.
타키투스. 박광순 옮김. 『게르마니아』 범우사. 2006.
토인비 A. J. 송 운하 옮김. 『토인비의 역사기행』 도서출판 백암, 2004.
피터 나바로, 그랙 오토리 공저, 서정아 옮김. 『중국이 세상을 지배하는 그날』 지식갤러리, 2012.
하이얀 히르시 알리, 추선영 옮김. 『이단자』 주 알마, 2006.

■ 외국원서

A. J. Toynbee. *A Study of History*. Wikipedia Foundation Inc.
Barrack Obama. *Dreams from My Father*. Crown Publishers: New York, 1995.
Cho Hae-Joang. "Reading the Korean Wave as a Sign of Global Shift". Korea Journal Winter 2005.
Dooboo Shim. "Hybridity and the Rise of Korean Popular Culture in Asia"

Media Culture and Society 2006 SAGE Publications.

E. D. Hirsch Jr. *The Core Knowledge Series*. Random House Inc. 2002.

Elliott D. Landaw ed. *Child Development Through Literature*. Prentice Hall Inc., 1972.

Lee Dohsoo. *Encountering Eastern & Western Cultures*. Intervision: Seoul. 2009

Jim Dator & Yongseok Seo. "Korea as the Wave of Future" *Journal of Future Studies*, 2004(31-44)

Niall Ferguson. *The Civilization: The West and the Rest.* Book 21 Publishing Group, 2011.

Pearl S. Buck. *The Living Reed*. Moyer Bell Ltd. 1963.

文化圖書公司印行. *The Four Books*. 中國文化圖書公司: Taiwan, 1974.

▌찾아보기 ▌

■ 영문색인